はじめに

僕がゴルフと出会ったのは小学6年生。
父のキャディーバッグから
6番アイアンを拝借して、
学校の校庭に穴をあけて
ゴルフの真似事をしていました。
それから3年後の中学3年の冬。
初ラウンドを91で回りました。
その間、練習場には
一度も行ったことがありません。
「本を読むだけでも
ゴルフは絶対上手くなる!」
僕はそう確信しています。
だって、僕がそうだったのですから。

藤田寛之のゴルフ
僕が気をつけている100の基本

CONTENTS

第1章 スイング基本編

まずは基礎からじっくり学ぼう

第2章 真っすぐ、遠くに飛ばしたい ドライバー編

第3章 フェアウェイウッド&ユーティリティ編

残り200ヤードでもナイスオン!

フェアウェイウッドQ&A

第4章 アイアン編

キレるショットでベタピン連発

バンカーQ&A

パッティングQ&A

第6章 ゴルフの罠が見えてくる！ コースマネジメント・メンタル編

コースマネジメント・メンタルQ&A

※本書は2006年4月に刊行された『藤田寛之のゴルフ解決ブック』をもとに再構成したものです。

編集　メディアロード
本文DTP　センターメディア

第1章　まずは基礎からじっくり学ぼう

スイング基本編

左手甲のナックルがふたつ見えるフックグリップがベスト

No. 001 グリップ

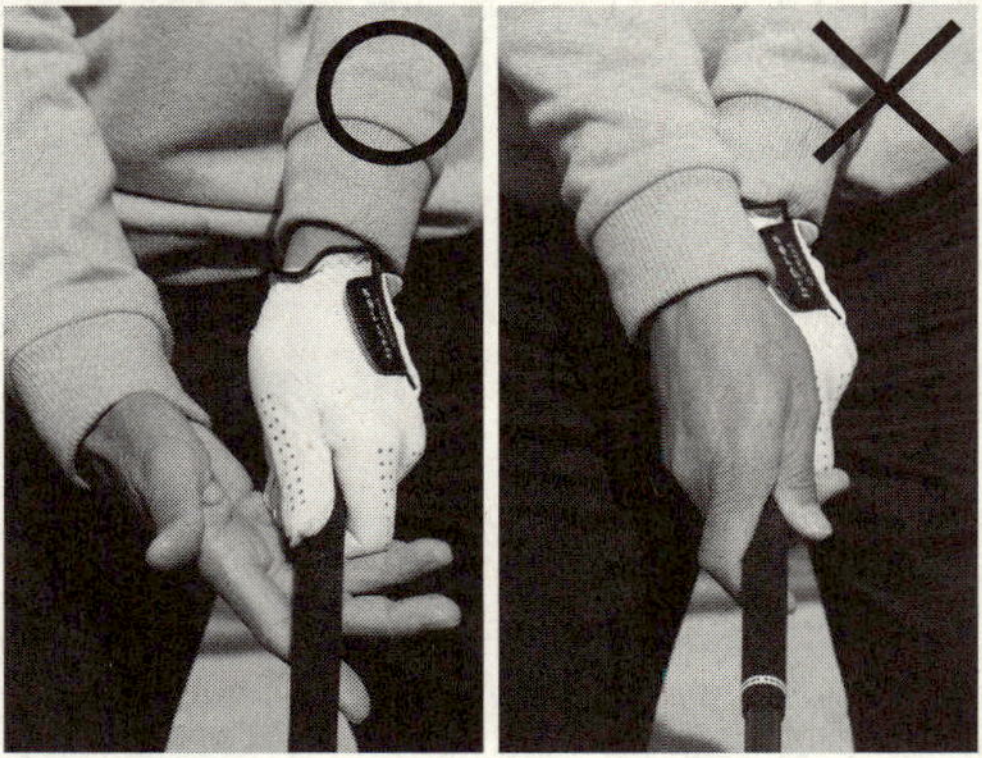

両手ともフィンガーグリップに握るのが正しい（左）。左手に対して右手がかぶりすぎているのはNG（右）

スイングの基本

左手の親指と人差し指が右肩を指すように握る

まず左手の握り方です。正面から見てナックル（指の付け根の関節）が2～3個見えるくらいに握ります。目安は親指と人差し指でできる「V字」が右肩を指すくらい。以前のスクエアグリップに比べるとフックに握ります。この左手の握り方がとても重要なので、はじめのうちはショットごとに確認してください。右手は、その左手のフックグリップに平行に握るようにします。ポイントとしては、手のひら（パームグリップ）ではなく指で握る（フィンガーグリップ）ことです。

グリップは左右のバランスが命です。グリップした状態でも、左右の手のひらは向き合っていないといけません。左手はフックに握っているのだから、右手もフックに握らないとバランスが悪くなり、球筋が安定しません。

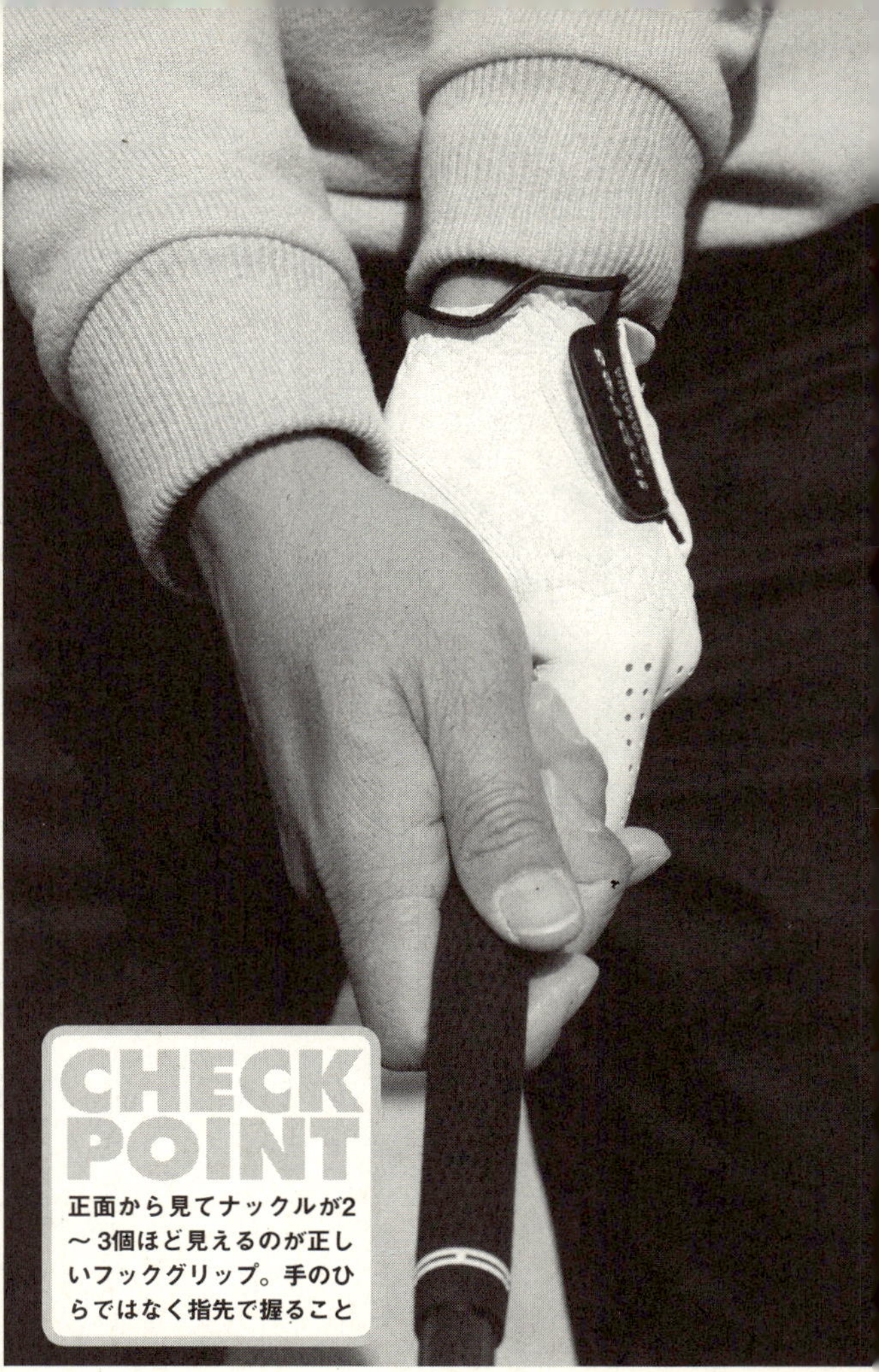

CHECK POINT

正面から見てナックルが2～3個ほど見えるのが正しいフックグリップ。手のひらではなく指先で握ること

クラブを腰骨に当てて背すじを伸ばしたまま前傾

No. 002 アドレス

腰から折るのが正しい形（左）。膝が曲がらず前傾が深くなりすぎてしまっている（右）

スイングの基本

適度に胸を張りながら腰から前傾すること

グリップと同じくらい大切なのがアドレスです。いいスイングはいいアドレスからしか生まれません。世界のトッププロといえども、スイングを確認するとき、まず最初にチェックするのがアドレスです。ここで正しいアドレスの基本を押さえておきましょう。

まずクラブをヘソの下、腰骨の高さにかざします（①）。膝を軽く折ります（②）。そのままの体勢で腕を真下に垂らします（③）。グリップをして完成（④）。コツはクラブを当てた位置から背すじを伸ばしたまま前傾することです。背中が丸まってはいけません。

間違いの多くは、腰が引けて上体が反ってしまったり、前傾角度が深すぎて前のめりになってしまうこと。これでは正しい位置にクラブが上がりにくくなってしまいます。

CHECK POINT

腰骨の下から上半身を前傾させて膝を折る。体重は足裏の真ん中にかかるように調整すること

No.
003
テークバック

飛球線と重なる一点にクラブを通過させる

→ ヘッドがスイングプレーンを突き破ってしまうのはダメ（右）。アウトに上がるのは許容範囲内といえる（左）

スイングの基本

右腰の高さでフェースが上を向くのが正しい形

テークバックは、ある一か所を通過させようとするだけでいいんです。それは正面から見てクラブと地面が平行になったときに、後方から見て飛球線とクラブが平行になる位置。時計でいうとヘッドの先端（トウ）が真上から2時を指しているのが正しい形です。

　ヘッドが少し外側（アウトサイド）に上がってしまう分には許容範囲内です。しかし腕のローテーションを使いすぎてしまうと、ヘッドが体に近づきすぎて（インサイドに引きすぎ）しまうため、クラブが寝てフェースも開いてしまいます。

　テークバックの途中でコックを使ってもいいのですが、右腰の高さまではグリップエンドが胸を指すように、体とクラブを一体にしてクラブを上げていきましょう。

CHECK POINT

ヘッドを右腰の高さまで上げたときに、シャフトと飛球線が平行になり、トウが上を指すのが正しい形

スイングプレーンと左腕が一直線になるように

No. 004
トップ

テークバックが乱れると当然トップの位置も崩れやすいので、ときどきチェックするとよい

スイングの基本

テークバックの位置からクラブを真上に上げるだけ

トップは、テークバックのポジションからクラブを真上に上げるだけなのですが、腕がローリングしてしまったり、前傾角度が変わってしまったり、左肩が落ちてしまうと、間違ったポジションに上がってしまいます。

トップの作り方は、アドレスの姿勢から体を起こしてクラブを正面に構える（①）。腕を軽く曲げてクラブを立てる（②）。クラブとともに上体を右に回す（③）。前傾をしてボールを見る（④）。これで完成です。

ポイントは左肩がアゴの下に入るようにすることと、リズムを大事にすること。「1でテークバック、2でトップ」のリズムを繰り返し練習してください。また、飛球線後方から見たときにスイングプレーンと左腕が一直線になるポジションにくればベストです。

CHECK POINT

アドレスでのシャフトのラインをイメージして、その上に左腕を乗せるようにすると、正しいトップになる

ダウンスイングのきっかけは左膝の踏み込み

No.
005
ダウンスイング

ボールを投げるときには左足を先に踏み込む（左）。踏み込まないと速く振れない（右）

スイングの基本

左膝をアドレスに戻してもグリップはまだ右肩の高さ

トップからの切り返しは下半身から動かします。上半身は使わずに左膝、もしくは左腰をアドレスのときの位置に戻してきます。これを僕は「踏み込み」と呼んでいます。

野球で（右投手が）ボールを投げるときは、必ず左足を踏み込んでから投げます。踏み込まないで投げようとしても快速球は投げられませんよね。ゴルフも同じで、踏み込みがないとボールを飛ばすことはできません。踏み込んでからスイングすることが重要です。

ただし踏み込んだときに、上半身も一緒に動いてしまっては意味がありません。またヘッドが遅れすぎてしまっても、その後のインパクトでフェースが開いて当たりやすくなってしまいます。トップから左サイドに戻していく練習で、必ず身につけてください。

CHECK POINT

左膝をアドレスの位置に戻すことで下半身を先行させる。このときグリップは右肩の高さにあるとGOOD。

アドレスから下半身だけ先行するのが正しい形

No. 006 インパクト

→ インパクトを作ってから振り上げる素振りは、インパクトを安定させる効果がある(左)。上体が突っ込むと芯に当たりにくい(右)

スイングの基本

インパクトの形を作ってそれから素振りをしてみる

インパクトが正しければ、ボールは真っすぐ飛びます。しかしインパクトの形を意識しすぎると体が突っ込みやすく、うまくヒットすることができません。ですから、ここで説明するのはスイングしている最中のことではないので、誤解をしないで読んでください。

正しいインパクトとは、フェースがターゲットに対してスクエアで、アドレスの形から下半身が少し先に動いている形です。大事なことは、この形を経由してフォローからフィニッシュまで振り切ることにあります。

スイング中に意識しなくても正しいインパクトの形を作るためには、アドレスでインパクトの形を作ってから素振りをしてみましょう。そうすると、インパクトの再現性が高くなり、芯に当たりやすくなるんです。

CHECK POINT

インパクトはアドレスの再現ではなく、それよりも下半身が少しだけ先行しているのが正しい

正しいフォローの形はテークバックと左右対称

No. 007
フォロースルー

正しいフォローを理解していないと左へ引っ張ったり（左）、右へ押し出したり（右）しやすい

スイングの基本

目標線とクラブが平行になるように

スイングは左右対称が基本。ですから、フォローは先ほどのテークバックの対称形になっていれば正解です。僕はグリップ、アドレスと同じくらい重要視しています。

みなさんはテークバックやダウンスイングをどう下ろしたらいいか、と考えすぎる傾向が強いのではないでしょうか。

でも、フォローをどこに出すかと念頭に置いてスイングすれば、自然とダウンスイングが下りてくる軌道も決まってくるはずです。ダウンスイングを意識するあまり、誤った軌道を描いてしまうと、結果的にフォローが誤った方向へ出てしまうんです。

フォローの形を意識するには、一度正しいフォローを作ってから振り上げ、同じ位置に出していく素振りをしてください。

CHECK POINT

テークバックのポジションの対称形がフォロー。ターゲットラインとシャフトが平行になっている

バランスよく立てるように腰の高さで素振りをする

No. 008
フィニッシュ

→ ヘッドが下から入ると腰が反ってしまう（左）。上から入ると、フィニッシュが低すぎる（右）

スイングの基本

腰の高さで3回素振りしそのままボールを打つ

左サイドが流れて右肩が下がったり、ヘッドが上から鋭角に入ってしまうと、フィニッシュがうまくできません。これはボールが地面にあるためで、もしボールが腰の高さにあったら、このような動きにはなりにくいはず。フィニッシュのベストな形は、目標方向に体が完全に向き、左足に体重が乗った状態です。

うまくフィニッシュができないという人は、次のようなドリルをしてください。まず腰の高さにボールがあると仮定し、3回素振りをします。そうすると、地面ではなく腰の高さにあるボールを意識することができるので、体が水平に回転し、フィニッシュまできれいに回ることができるんです。その感覚のまま、ふつうの高さで実際にボールを打ってみてください。

CHECK POINT
フィニッシュで大事なのはバランスよく立てること。それには左サイドが伸びたり、右肩が落ちてはダメ

連続写真 1 ロブショット

第**2**章　真っすぐ、遠くに飛ばしたい

ドライバー編

No.
009
絶対上手くなる5か条❶

← 左脇がボールより外側に出る（左）とスライス、内側に入る（右）とフックになりやすい

スイングの基本

ヘッドが上昇し始めてからボールにヒットさせる

ドライバーはティアップして打つので、ヘッドの最下点から少し上がりかけたところにボールがあるべきです。そのためにはボールを体の真ん中から左足のつま先の間に置くといいでしょう。この間で練習をしてみて、真っすぐ飛んでいく位置を探してみてください。つま先よりも外側に出してはいけません。

そして、クラブは体の正面に構えるようにしてください。アドレスして、剣道の「面」のように真上から振り下ろしたところが体の正面です。このとき頭はボールよりも飛球線後方寄りにあるのが正しいポジションです。

また、左脇の下にボールがあるか、ということも確認してください。スライサーはボールが左脇よりも体の真ん中に、フッカーは外側にずれやすいので注意が必要です。

アドレスが変われば球筋激変!

アドレスからインパクトまでボールの後ろに頭を残す

↑ ボールは左脇の下にあるのが正しいポジション。このときボールを真上から見るのではなく、やや右から見るのがいい

ボールポジションの正解はひとつではない。体格やスイングによるので、自分なりに探してみよう

飛ばしのコツは右への体重移動

右足内側を軸にして右股関節に体重を乗せる

No.
010
絶対上手くなる
5か条②

テークバックで重要なのは、
右足に体重を乗せることと
体がしっかり捻転すること。
右足軸なら両方とも可能だ

↑ 体の正面に軸があると、左足から体重が動かず「ギッタンバッコン」のスイングになってしまい、ボールを飛ばすことができない

右足内側に軸があれば、右サイドのハリを保ちながら、上半身を回転させることができる

飛距離アップ

体の正面を軸にすると体重が右に乗っていかない

飛距離をアップするためには、右から左への大きな体重移動が必要です。右へ体重が移動していないのに、左へ動かすのは無理な話です。まずは右へ体重を乗せるコツを解説しましょう。

ここでスイング軸の話をします。スイング軸とは、どこを軸として体を回転させるかというものです。ふつうは背骨を軸にするとわかりやすいのですが、右サイドへ体重を乗せるために、右足内側を軸にして体を回してください。正面からは、右足の軸と左肩が重なるように見えます。すると、右腰や右股関節が伸びずに十分な捻転ができます。

体の前面を軸にしてしまうと右足側に体重を移動する感覚がつかみにくいので、左肩が右足の上にくるくらい大胆に体を回します。

No. 011 絶対上手くなる5か条③

← 頭のブロックを解除することで上半身の回転が大きくなり、右足に体重が乗ってくる

飛距離アップ

少しスエーしているかなと感じるくらいでOK

ボールを見るのは大切なことなんですが、あまりにしっかり見ようとして頭を固定すると、バックスイングが深く回らなくなってしまいます。以前はグリップエンドを頭の上に置いて練習した人もいるかと思いますが、頭は少しくらい動いてしまってもいいんです。それよりも、しっかり体が回転したトップを作ることのほうが重要です。

頭を動かせない人に、とっておきのドリルがあります。テークバックをしながら、自分の真後ろを見てください。十分体が回ってトップまできたらボールを見ます。おそらく、今までのトップでのボールの見え方とまったく違うと思います。そのくらい頭が動いても問題ありません。アドレスのときに、首の筋肉をリラックスして構えるとうまくいきますよ。

体を十分に捻転させるコツ

テークバックで背後を見て トップでボールを見る

いくら上半身が左に流れたとしても、腰が流れていなければスエーとはいわない

↑ 頭を固定してしまうと、左肩が全然回らなくなる。また、右サイドが伸びやすくなるなど、体全体の動き方にも狂いが生じてしまう

← 右手のひらが地面を向いたり（右）、タメすぎてリリースが遅れてしまうと（左）ミスショットになる

方向性アップ

タメすぎるとフェースが開いたまま当たりやすい

ドライバーの進化とともにプロのスイングも進化しています。最近の大型ヘッドとかつてのパーシモンやメタルヘッドでは、打ち方がまったく違うんです。

以前は切り返しでの「タメ」をインパクト直前までキープし、一気にリリースすることで飛ばしていました。しかし大型ヘッドで同じようなスイングをすると、フェースが開いたまま当たってしまうので、右へ飛んでしまいます。ですから、ダウンスイングに入ったら徐々にコックをほどきながら、右ひじを伸ばしていくのが主流です。

そのために、グリップはフックにして、スイング軌道はストレート。フェースも開いたり閉じたりせず、スクエアをキープしたままスイングできれば絶対に曲がらないんです。

デカヘッドはこれでバッチリ!

タメすぎは右プッシュのモト 早めのリリースを心がけよう

↑ コックを早めにほどきながら右ひじを伸ばしていく。最新ドライバーはリリースを早めにして、ボールの横にヘッドを当てるのがコツ

このポジションから、右ひじを伸ばしながらコックをほどいていくと、入射角度が緩やかになる

フォローをもっと大事にしよう

おなかを目標に向ければ体が正しく回転してくれる

No. 013

絶対上手くなる5か条⑤

↑ おなかが目標に向いたあと、さらに回転を続けると、右肩が目標を指すようになる。ここまで回すことができれば完璧だ

クラブをどうやって動かすかということよりも、体をどうやって使うかを考えることが重要

➔インサイド・アウト軌道になるとおなかは目標よりも右を向き（左）、カット軌道では左を向く（右）

方向性アップ

体の使い方しだいで　クラブの軌道が変わる

バックスイングで「回れ右」をした体を、今度は「回れ左」をしてフィニッシュまで振り切らなければいけません。ダウンスイングからインパクトまではあれこれ試行錯誤する人が多いですが、フォローからフィニッシュまでのことは、あまり重要視していないのではないでしょうか。

　クラブの動き方をいろいろ考えるのは必要です。しかし体の動かし方しだいで、クラブの軌道を変えることもできるんです。ダウンスイングからおなかを目標方向に向けることを意識するだけで、体の回転が変わってきます。ヘッドが上から入りやすい人はおなかが目標よりも左下へ向きやすく、ヘッドが下から入ったり、フックの度合いが強い人は目標の右上に向いてしまいがちです。

なかなか芯に当たりません どこが悪いのでしょうか？

No. 014 Q&Aレッスン

腰が体の外側のラインよりも出てしまうのがスエー。これでは軸が傾き、ミート率が悪くなる

飛距離アップ

腰がスエーしてしまうと軸が傾きやすくなる

スイングとは、右に振り上げて左に振り下ろす回転運動が基本。回転するにはどこかに基準（スイング軸）を作らなければいけません。しかし、スイングには体重移動があるので、軸は右回転（バックスイング）用と左回転（ダウンスイング以降）用の２本必要です。

それぞれの回転軸は正面から見て垂直になるのが基本です。これができているとヘッドは必ずアドレスした位置に戻ってくるのですが、芯に当たらないというのは、その軸が傾いてしまっているからなんです。

それを防ぐためには、テークバックでは右腰、ダウンスイングからは左腰で体重を受け止める意識が大切です。受け止め切れずに伸びてしまうと、腰が外側へ流れて、スイング軸が傾いてしまいます。

CHECK POINT

股関節にゆとりを持たせることがポイント。受け止めるといっても回転を止めるということではない

A 軸が傾かないように左右の腰で受け止める

直角に曲がるぐらいスライスがひどいんです…

No.
015
Q&Aレッスン

体が開いて左ひじが曲がると、フェースが開いて当たるうえ、カット軌道なので大スライスになる

ミス撲滅

左サイドの回転を止めてフェースを返してしまおう

スライスがひどいときのスイングは、左サイドがすべて開いてしまっています。そのため、スイング軌道は極端なインサイド・アウト軌道になり、フェースも返りにくいのでスライスが大きくなります。これと逆のことを練習すれば、スライスは大幅に改善されます。

まず体のポジションですが、インパクトでアドレスでの肩、腰、膝のライン以上は回さないことを強く意識します。テークバックで十分に捻転し、ダウンスイングに入ったとき、左サイドをブロックして、フェースを返してしまいます。これだけでも、直角に曲がるようなスライスは影を潜めるでしょう。ただし、はじめのうちはどんなボールが出ても気にしないで、フェースを返すタイミングなどを微調整しながら練習してください。

CHECK POINT
左の肩、腰、膝のすべて、もしくはいずれかをブロックし、開かないようにしてからフェースを返す

A 左の肩・腰・膝でブロック 体の開きをシャットアウト

Q 左のOBが怖いときにスライスが大きくなります

No. 016 Q&Aレッスン

真っすぐ飛ばしたいイメージが強すぎると、腰の回転が止まりやすく、フェースも返りにくい

ワンランクアップ インパクトで左の股関節を押さえ込む

これはゴルフが上達してきた、持ち球がドローの人に多いミスです。真っすぐに飛ばしたいがゆえに真っすぐに振ろうとすると、フェースが開いて当たって、右プッシュのスライスになりやすいんです。これは左のOBを気にするあまり、腰の回転が止まってしまい、左腰が伸びてフェースが浮いてしまったために起こるんです。

ですから左サイドの伸び、とくに股関節を押さえ込む意識でスイングしてください。するとフェースが暴れなくなると思います。また、フェースが浮いてしまうのを防ぐにはクラブを体の近くに通すことで解消できます。

このミスが出るのと、ナイスショットとは紙一重。飛ばしたいとか、左が怖いとか、リキみやすい場面で出やすいミスです。

CHECK POINT

グリップが通る位置を低くすることで、左の股関節の伸びを防ぎ、フェースの開きも防ぐことができる

A 左サイドを沈み込ませて手とクラブの距離を縮める

球を高くしようとすると なぜかダフってしまいます

No. 017 Q&Aレッスン

肩のラインがターゲットよりも左を向くと、カット軌道になり、曲がりが大きくなる（右）。肩を開かないように下ろしてくるといい（左）

悩み解決

ダウンスイングで右サイドの意識を強くする

ボールが上がらないということは、ロフトが立った状態でインパクトしているのが原因です。ロフトが立ってしまう原因はいくつかあります。代表的なのは、①体が突っ込んでヘッドが鋭角に下りてくる。②軌道がアウトサイド・インの傾向が強すぎる、という2点です。両方ともトップからの切り返しで、クラブが動くのと同時に上半身も動いていることが原因です。この動きを修正すれば、カット軌道の度合いが少なくなります。

ポイントは肩の開き具合にあります。スライスが止まらないときは、ダウンスイング開始直後にすでに肩が開いてしまっています。それをガマンして、肩のラインがターゲットに対してスクエアになるようにします。右を向いたままクラブを下ろすイメージです。

CHECK POINT

体が突っ込まないように、頭を残しながらクラブを下ろす。胸を飛球線後方に向けたままでいい

A 肩のラインをクローズにした状態でクラブを下ろす

アゲンストでも飛距離が落ちない打ち方は?

No. 018
Q&Aレッスン

インサイドから下りてくる（左）のと、カット軌道（右）とではクラブの下りてくる高さが違うことが明確

ミス撲滅

ドローボールを打つようにヘッドをインから下ろす

アゲンストのときには、風に負けたくない気持ちが強くなって、体が突っ込んでヘッドが上から鋭角的に入りがちです。しかし、それではボールのバックスピン量が多くなってしまい、風に負けて飛距離がまったく伸びません。アゲンストが強いときでも、無理をして低いボールを打つ必要はないんです。

風に負けずに飛ばすコツは、ボールのバックスピン量を少なくすること。理屈は簡単で、ボールの横面にヘッドを当ててあげればいいんです。それにはヘッドを低いところから出してボールに当てなければならないので、インサイドからクラブを下ろしてくるようにします。左肩が開かないように、頭を残しながら回転していくと、自然とインサイドから下りてくるようになります。

CHECK POINT

ヘッドを横から入れれば、ボールのバックスピン量が少なくなるので、風の影響を受けにくくすることができる

A ヘッドを横から入れて スピンを少なくすれば飛ぶ

Q ボールが高く上がりすぎて思ったよりも飛びません

右肩が下がると、ロフトが大きくなった状態のインパクトになり、フィニッシュも高くなる傾向がある

悩み解決

体の水平回転の感覚をつかめれば右肩は落ちない

飛ばしには適正な弾道の高さが必要ですが、上がりすぎてしまうと、右に飛びやすいため飛距離をロスしてしまいます。

このミスを修正するには、体の回転を水平にすることが大切です。まずはクラブを持たずに体を水平に回す練習をします。クラブとボールがないので、水平に回転しやすいでしょう。次にクラブを持って素振りをするのですが、いきなり地面に構えるのではなく、腰の高さから始めて、水平回転を確認しながら、だんだんとヘッドが地面にかするくらいまで下ろしてきてください。

実際にボールを打つときに気をつけることは、アドレスしたときの肩の高さをインパクトで再現すること。上がりやすい人は右肩が下がるので要注意です。

CHECK POINT

クラブを地面に水平に持ったままバックスイングをして、戻したとき水平になるように体を回すこと

A アドレスのときと同じ高さに両肩を戻してくる

ボールを曲げないコツってあるんですか?

No. 020
Q&Aレッスン

一度フォローを出してからテークバックを始めると、その位置にフォローが出やすい（左）。ダウンを気にしすぎると、いろいろな方向へフォローが出てしまう（右）

ミス撲滅

フィニッシュからフォロー、ダウンと逆算して考える

ボールが曲がる理由は、人それぞれでいろいろあります。でも、その原点はバックスイングなんです。スイング前半のクラブの動き方が問題であり、後半ではないのです。もしバックスイングがなければ、ボールは曲がらないでしょうね。

そこで、インパクトから素振りを始めるという練習方法があります。これによって、フォローが真っすぐ出ていきやすくなります。それがあなたにとってベストなフォローであり、フィニッシュなんです。どうやって動かしたらこの位置にフィニッシュが収まるか、フォローが出ていくということを、逆から考えることが大切です。ダウンスイングの下ろし方ばかり考えているかぎり、真っすぐ飛ばすことはできません。

CHECK POINT

フォローが真っすぐ出ているということは、ダウンスイングがオンプレーンで振れているという証拠

A インパクトからの素振りで フォローの感覚をつかむ

飛ばそうとすると必ずプッシュアウトが出ます

No. 021 Q&Aレッスン

右ひじを絞りすぎたり（右）、左腰がスエー（左）したりすると、右へ振り出しやすくなってしまう

ミス撲滅

ヘッドが遅れすぎるとフェースが開いて当たる

プッシュアウトとは、インパクトと同時に右へ飛び出していくミスです。軌道がストレートなら、フェースが開いていても出だしは真っすぐ飛び出して、その後スライスします。しかし、たとえフェースが真っすぐでも、フォローを外側へ振り出してしまうと、プッシュアウトになってしまうのです。

軌道がインサイド・アウトになるおもな原因は、右ひじの絞りすぎ、もしくは左腰のスエーです。これらが起こってしまうと、スイングプレーンから外れるのではなく、スイングプレーン自体が動いてしまいます。

それを修正するには、ダウンスイングで体を先行させて回していきます。これによって、スイングプレーンが移動することなく、クラブが正しい位置に下りてくるようになります。

CHECK POINT

左腰の回転が止まると、左腰がスエーしたり、右肩が落ちてスイングプレーンがゆがんでしまう

A ダウンスイングで体の回転を先行させる

Q いくらティを低くしても テンプラが出てしまいます

No. 022 Q&Aレッスン

→ 体が突っ込むと、ヘッドの最下点がボールの先に移動し、ヘッドがティとボールの間に入る(右)。ドライバーは最下点より先にボールを置くとよい（左）

ミス撲滅

ティを低くすると余計テンプラになりやすい

テンプラはすくい打ちだから起こるのではなく、打ち込んでしまうために起こるミスなんです。その証拠に、ダウンブロー気味にインパクトするスライサーにしかテンプラは出ません。ですから、ティが高いからテンプラが出るわけではありません。ティを低くすると、余計に上から入りやすくなってテンプラを助長させてしまいます。

テンプラが出るのは、体が突っ込むことで、ヘッドの最下点がボールの先になってしまうからです。そのためヘッドがティとボールの間に入ってしまうのです。

解決するには、ティを高くすること。高いティをアッパーブローで打つイメージを持てば、テンプラは起こりません。ヘッドの上がり際で打つ練習をしてください。

CHECK POINT

ティを高くするとテンプラしやすいのではと感じるが、アッパーブローに振れればテンプラの心配はない

A ティを高くして最下点を過ぎてからボールに当てる

Q 急にチーピンが出て止まらなくなります

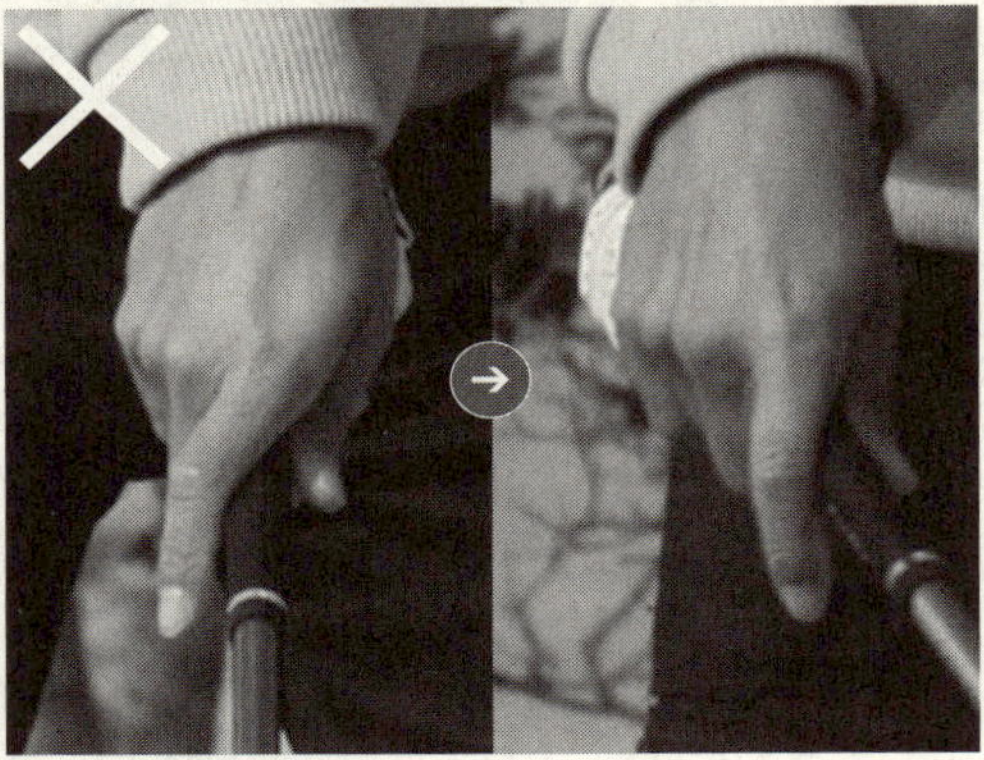

右手のグリップを上から（スライスに）握ると、フェースターンの度合いが大きくなり、チーピンが出やすくなる

悩み解決

コックをリリースしてもフェースはターンさせない

チーピンとは、急激に左方向へ曲がってしまう球筋のこと。インパクト直前で左サイドのターンが止まり、その影響で急激にフェースが返るために起こるミスです。または、フェースを返すタイミングが早すぎることもあるかもしれませんが、左腰の動きとフェースターンは密接な関係にあります。

そこで、ダウンスイングから腕とクラブの角度をキープしたまま下ろしてみてください。インパクト直前までくると、左サイドは少し開いていても、ヘッドはまだボールには当たっていません。この動きでチーピンを防ぐことができます。グリップにも注意しましょう。右グリップを上から握るとダウンスイングでフェースがかぶってカット軌道になり、引っかけやチーピンが出やすくなります。

CHECK POINT

左腰が止まると、急激にフェースが返ってチーピンになる。左腰を回せばフェースは返りにくい

A 左腰を早めに切り フェースの返りを防ぐ

スイング中に頭が動いてはいけないのですか?

No. 024
Q&Aレッスン

頭を動かさないと、バックスイングは浅くなり、体重移動も最小限しか行えない（右）。頭が動けば体重移動も大きくできる（左）

悩み解決

背骨で回転していれば必ず右足に体重が乗る

スイングの基本であるスイング軸ですが、僕がオススメするのが背骨を軸にする方法です。これがいちばん意識しやすいと思います。体の後ろに軸がついているイメージがあるのがいいんですよ。実はここがポイントです。

背骨を軸に体を回していきますが、右足に体重が乗らないのは間違いです。背骨を軸に回転しているのであれば、左肩は右足の上にくるように回転するはずなんです。ですから、頭も半分から一つ分は右に動いてもいいということになります。テークバックでは頭が動いたほうが自然だともいえます。

平地からのスイング軸は地面と垂直であることが大前提です。軸が傾いてしまうと、体の回転も傾いてしまい、ミスショットにつながります。

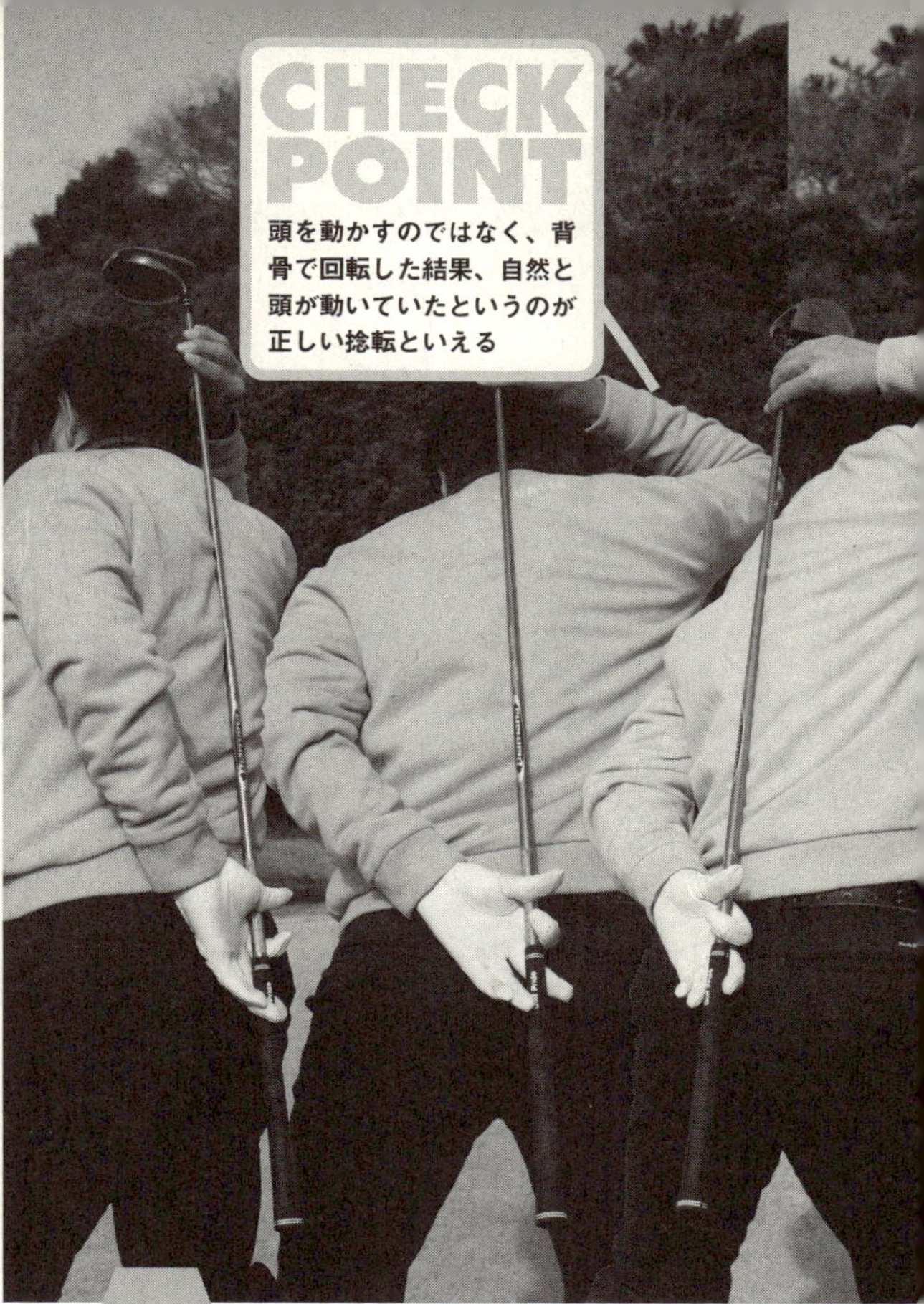

CHECK POINT

頭を動かすのではなく、背骨で回転した結果、自然と頭が動いていたというのが正しい捻転といえる

A 背骨を軸にして回転すれば頭は自然に動くはず

Q 「飛距離よりも方向性」のときに気をつけることは?

→ トップからの切り返しではスイングプレーンの面自体が動いてしまう可能性があるので注意

ワンランクアップ

曲げたくないときに軽く振るのは逆効果

いくら真っすぐ打ちたいからといって、スイングを小さくしたり、軽く振ったりすることはオススメしません。スイング中に緩みが出ると、それが曲がりにつながってしまうからです。曲げたくないときに曲がってしまったら、ケガが大きくなる一方です。

方向性を第一に考えるときには、スイングプレーンをイメージすることが効果的。両腕をひじの高さまで広げて、体を回してスイングしてください。この軌跡がスイングプレーンです。この面に沿ってヘッドを動かすイメージを持ちましょう。最初は小さくスイングし、徐々に大きくしてください。

注意するのは切り返し。ここでスイングプレーンが動いてしまうことが多々あるので、注意してクラブを下ろしましょう。

CHECK POINT

スイングプレーンにヘッドが乗っていれば、フェースはおおよそ正しい方向を向いていると考えていい

A スイングプレーン上をヘッドでなぞるイメージで

Q ティアップの位置の決め方がわかりません

No. 026 Q&Aレッスン

広く使えるということは、大きくスライスしても安心ということ。思い切ってスイングしよう

悩み解決

ホールと平行に構えたほうがアドレスしやすいことも

ティアップの位置の決め方にはセオリーがあります。スライサーはティグラウンドの右隅から、フッカーは左隅から打てば、曲がる方向を広く使うことができます。ただし、これではホールに対してクロスに構えることになります。どうしても構えにくいという場合は、スライサーなら左隅にティアップして、左を狙ってショットしてください。

とはいうものの、これは常識であって、それ以外にも気をつけるべき点がいくつかあります。

まずはティマークの方向。すべてが狙いどころに向いているわけではありません。そして傾斜。プロがプレーするトーナメントコースでさえ、ティグラウンドが平らではないことがあるので注意深く見るようにしましょう。

CHECK POINT

ホールとクロスして構えると、スタンスと体のラインがスクエアになりにくいこともあるので注意

A スライサーは右端から打つほうがコースを広く使える

Q

アドレスではヘッドを浮かせる？ 地面につける？

No. 027
Q&Aレッスン

→ボールをヒットさせたい位置で構えたほうが、その位置に戻してくるのは簡単なはず

方向性アップ

理想のインパクトの位置で構えるとそこに戻しやすい

ゴルフは再現性を高めることが上達への早道です。つまり、いつも同じことができる確率が高い人ほど、いいスコアを出しやすいということです。スイングはもちろん、インパクトだっていつも同じところに当てられれば、安定して真っすぐ飛ばせるはずです。

みなさんは、アドレスするときヘッドを地面につけますか？ 僕はつけません。それはヘッドを置いたところでインパクトはしないからです。インパクトの位置はもう少し上。このポジションにヘッドを戻してくるには、ここで構えたほうが再現性は高くなります。

とはいうものの、この話は全部マル（丸山茂樹プロ）から聞いた話。でも僕がそう構えているのを見て、まねしたプロもたくさんいるんですよ。

CHECK POINT

ボールの芯とクラブの芯を平行にして構えるのが藤田プロのアドレス。低めのティアップも丸山茂樹直伝だ

A 浮かせて構えたほうがミート率は格段に上がる

ドラコンホールの攻略法を伝授してください

No. 028 Q&Aレッスン

踏み込んだときに膝の間隔が広がれば最高の形（左）。右足を振り出せなければ最悪だ（右）

飛距離アップ

素振りでのイメージを本番のショットまで持続

ヘッドスピードを上げる方法はありますか？　という質問をよく受けますが、はっきりいって筋トレをしないかぎり、そんな方法はありません。では飛ばすテクニックがないかというと、そんなことはありません。現時点でみなさんが持っている潜在能力をもっと生かせば、さらに飛ばせると思いますよ。

ポイントはズバリ体重移動。これを今まで以上に大胆に行えば、もっと飛ばすことができます。テークバックでスエーしてもいいので右足1本で立つようにします。イチローの振り子打法のイメージですね。この体勢で1秒くらい止まれることを目指してください。そして踏み込んでフィニッシュですが、ここで右足を1歩前に出し、完全に左足に体重を乗せ切ります。

CHECK POINT

この体勢で止まれるなら、とてもいいバランスのトップになる。左足はバランス調整の役割を果たしている

A 1本足素振りをして右→左の体重移動を大きく行う

Q 体力に自信があるのに飛ばないのはどうして？

沈み込みはゴルフでは「タメ」につながる。これが飛ばしには絶対必要な要素となる

飛距離アップ

インパクトで伸び上がるとパワーが伝わらない

大相撲の力士やボディビルダーのように、体力があふれている人が飛ばし屋か、といったらそうではありません。僕のように小柄なプロでも、平均270ヤード以上飛ばすことができるのは、ちゃんとした理由があり、それを実践しているからです。

重いものを投げようとするときは、リリースする直前に一度膝を使って沈み込んでから投げると、遠くまで飛ばすことができます。ゴルフも同じで、ダウンスイングで沈み込みながらインパクトを迎えると、ボールに強力なパワーを伝えることができるんです。

力が入りすぎると、切り返しで上半身から動いてしまって、体の芯からのパワーは伝えられず、体が開くことで、バックスイングでたまったパワーも逃げてしまいます。

CHECK POINT

インパクト直前で沈み、インパクトに合わせて伸び上がるのは、難易度は高いが飛ばしに有効なテクニックだ

A インパクト前に沈み込んで大きなパワーを蓄積する

連続写真 2 ドライバー

第3章 残り200ヤードでもナイスオン!

フェアウェイウッド&ユーティリティ編

No. 030
絶対上手くなる5か条①

オーバースイングになると、ダウンの軌道が一定にならず、トップやダフリのミスが出やすい

スイングの基本

バックスイングの軸を保ちオーバースイングを防ぐ

スプーン（３Ｗ）は14本のクラブのなかで、もっとも難しいクラブだといっても過言ではありません。また、パー5の2打目に使うことが多く、なるべく前に飛ばしたいことから、スイングが大きくなりがち。その結果、ミスしてしまうことが多いんです。

３Ｗのミスを防ぐにはオーバースイングをしないことが重要です。飛ばしたくなると、バックスイングで体の右サイドが緩んで、大振りになってしまうからです。それをアドレスでの右膝の絞り込みで抑えてしまいましょう。その絞り込みをキープしながらテークバックをすると、右太ももで体重を受け止める感覚が出てきます。これができるとトップが安定してくるので、ダウンスイングの軌道が一定になってきます。

もっとも難しい3Wを打ちこなそう

アドレスでブロックした右膝をトップまでキープする

アドレスで右膝を絞ってテークバックすると、バックスイングの軸を安定させることができる

↑ アドレスでの右膝のブロックがないと、テークバックで右腰がスエーして、オーバースイングになりやすい

FWははらい打ちが基本

ダウンでの下半身リードで腰を水平に回していこう

No. 031

絶対上手くなる5か条②

↑ 左サイドで上半身をリードできるようになると体が水平に回るので、フォローが低く長くなり、方向性も安定する

ダウンスイングを下半身から下ろしてくると、スイング軸が傾きにくく、レベルブローで振れる

腰が水平に回らずに傾いてしまうと、ダウンスイングでは逆方向に傾きやすくなってしまう

スイングの基本

左膝と左腰を使って上半身を引っ張るイメージ

フェアウェイウッド（FW）ははらい打ちがいい、とよく耳にすると思います。これはヘッドをボールの横から当て、ソールを滑らせる打ち方です。でも、はらって打とうとすると、右肩が下がってすくい打ちになることが多くあります。

うまくボールをはらうには、トップからの切り返しで膝をアドレスの状態に戻し、腰を水平に回す意識が必要です。ダウンスイングが上半身から動いてしまうと、クラブが鋭角に下りてきてしまって、はらい打ちにはなりません。左膝と左腰を使って上体をリードしてあげることで、クラブの入射角度が緩やかになってくるんです。腰が水平に回ってくると、フォロースルーも低く長くなるので、方向性を安定させることもできます。

No. 032
絶対上手くなる5か条③

体を右に向けたままクラブを下ろしてくると、ヘッドの入射角度が緩やかになりボールが上がる

悩み解決

体をボールの後ろに残すと弾道が自然に高くなる

3Wはロフトが13～15度しかなく、地面から打つ場面が多いため、プロでもミスショットの確率が高いクラブです。プロよりも体力がないみなさんが、ボールが上がらないと悩むのはしかたのないこと。でも無理にボールを上げようとすると、トップやチョロならまだしも、OBの危険性も高くなります。

3Wの弾道を高くするには「ビハインド・ザ・ボール」が必須条件。日本語でいうと「頭をボールの後ろに残せ」という意味です。体が突っ込むとロフトが立ったままインパクトしてしまいますが、頭（体）を右に残したままスイングすると、高く上がるようになります。

具体的には、ダウンスイングで右肩を回さないこと。体を右に向けたままインパクトすれば、体が右に残りやすいんです。

ボールを上げようとすると体が突っ込む

体を左に向けずにヒットすればボールは上がる

長いクラブでボールを上げたいときは「ビハインド・ザ・ボール」を守ってスイングすること

↑ 右肩が前に出てしまうと、スイング軸も左足寄りに移動するため、ヘッドの入射角度が大きくなってボールが上がらない

No.
033
絶対上手くなる
5か条④

← 拇指球に体重が乗らないと、ダウンスイングで体重が左に移らないので、体があおられてしまう

スイングの基本

拇指球に体重が乗ると下半身の安定感が増す

最近は3、4番アイアンの代わりに7、9番ウッドを入れるセッティングが増えてきました。僕も3番アイアンの代わりに7Wを入れています。アイアンの代わりに使うのですから、飛ばすのではなく、グリーンを狙うクラブとして扱わなければ意味がありません。

フェアウェイウッドははらい打ちが基本だといいましたが、それは5Wまでと考えてください。7W以下はダウンブローで打ったほうが方向性はよくなるんですよ。

比較的長いクラブでダウンブローにとらえるには、ダウンスイングでの体重移動がポイント。左足親指の付け根（拇指球）に体重を乗せていく感覚です。ここに乗っていくと左サイドの壁が崩れにくく、左足の踏ん張りをいちばんきかせることができます。

7W以下はダウンブローがオススメ

ダウンで左足親指付け根に体重を乗せていこう

↑ 切り返しでアドレスの位置に膝を戻すが、このときに上半身が一緒に動いてはダメ。ダウンブローに入れるために、手首のリリースは少し遅めに

体の左サイドに壁を作りながら回転していくには、拇指球を基点にするといい

ショートウッドはコントロール重視

5W以下はアイアンと同じシャフトにしてみる

No. 034
絶対上手くなる5か条⑤

7番ウッドでは、アイアンと同じスチールシャフトの軽量版を使用。長いパー 3で重宝している

→ スチールシャフトならラフからでも芝の抵抗に負けずに、しっかり振り切ることができる

ワンランクアップ

アイアン感覚でグリーンを狙えば乗る確率が上がる

先ほどもいったとおり、５Ｗ以下はグリーンを狙うクラブです。そのためには飛距離よりもコントロールを重視した仕様にする必要があります。アイアンと同じように打てるフィーリングがほしいんです。そこで、シャフトをアイアンと同じものに替えてみると、アイアンの感覚でフェアウェイウッドが打てるようになってきます。

３Ｗを使うのは距離が残った状況でしょうから、ドライバーに近いクラブだといえます。しかし５Ｗ以下のクラブは、おもにグリーンを狙うときに使うクラブなのに、飛距離重視の仕様になっていることが多いんです。飛距離が多少犠牲になってしまうかもしれませんが、グリーンをとらえる確率を上げたいのなら、試してみる価値は大です。

Q アイアンはそこそこなのに FWがうまくなりません

トップで伸び上がったり（左）フォローであおる（右下）と、「く」の字の角度が変わる

悩み解決

体とボールの距離が一定になるとミートできる

フェアウェイウッドはロングアイアンよりもやさしいクラブです。苦手という固定観念のあまり、特別な打ち方をしようとしているのではないでしょうか。アイアンと同じスイングで打てば、弾道は低くなってもそれなりに真っすぐ飛んでいくはずです。

それでもうまくいかない原因は前傾角度にあります。本来ならば角度を崩してはいけないのですが、トップで伸び上がったり、フォローであおったりしていると思われます。

前傾角度を変えるな、といっても直すのはとても難しいので、腰が曲がっている角度でできた「く」の字を、最後までキープすることに専念してください。ボールと体の距離が一定になるので、確実にミートできるようになるはずですよ。

CHECK POINT

ダウンスイングからが伸び上がりやすい。ここで「く」の字をキープできれば、最後までうまく振り切れる

A 前傾角度を崩さないように腰の「く」の字をキープ

No. 036
Q&Aレッスン

Q 3Wだけはなぜかスライスしてしまいます

右肩が突っ込んだり(左)、左肩が開くと(右)、体やフェースが開いてしまってスライスしやすくなる

方向性アップ

当てにいくスイングはスライスを助長させる

ふつうの体力の持ち主でも、3Wを打ちこなすのは難しいもの。ロフトが立っているので、スライスしやすいという特徴もあります。

そのため、スライスを恐れて「当てにいく」ようにスイングしてしまいがちです。しかし、これではフェースが開いて当たりやすいため、「こすり球」になって余計にスライスするのです。

これを防ぐには、左肩を絶対に開かない、という意識を持つことが大切。右足前でインパクトするイメージです。早めにリリースしてクラブを下ろしてくれれば、フェースが開いて当たることが少なくなります。

スライスするもうひとつの原因は、カット軌道。これも左肩をガマンすることで防止することができます。

CHECK POINT

肩の開きを抑え、リリースを早めに行えば、フェースは開いて当たらない。この意識を強く持とう

A 左肩が開いてはダメ! 右足前のインパクトを徹底

Q ドライバーは当たるのに FWがヘタなのはなぜ?

No. 037
Q&Aレッスン

➔ ボールが最下点にあればジャストミート(左)。上がり際で打つとトップかチョロになる(右)

悩み解決

素振りをしてヘッドが地面につく位置が最下点

ドライバーはティアップ、つまり地面からボールを浮かせて打つクラブです。ですからヘッドが最下点を過ぎ、上がりかけたところがインパクトになります。でも、フェアウェイウッドを地面の上から使う場合は、ヘッドの最下点でボールをとらえなければなりません。ドライバーが当たるのにFWが当たらないのは、ヘッドの上がり際でとらえようとしているからです。ミスとしてはトップになることが多いでしょう。

したがってボールを最下点に置けば、それだけでこの問題は解決します。最下点とは、素振りをしてヘッドが地面にかすったところ。クラブの長さやスイングタイプの違いによって最下点は異なるので、それぞれのクラブで一度最下点を確認することも必要です。

A ヘッドの上がり際ではなく最下点でボールをとらえる

CHECK POINT

マニュアルどおりのボール位置がいいわけではなく、最下点に合わせてボールの位置を決めたほうがいい

Q 何番ウッドで打っても飛距離が変わらないんです

No. 038 Q&Aレッスン

手打ちだと、ミスヒットしたときと芯に当たったときで、飛距離の差が大きくなってしまう

悩み解決

肩が左右に90度回るとヘッドスピードも上がる

クラブが長くなるほど、芯に当たるか当たらないかで飛距離はかなり変わってきます。ショートウッドはクラブが短めなので芯をとらえやすいのですが、長いクラブになると、芯に当てるのが難しくなります。また同じクラブでも当たり方が一定ではないので、番手間の飛距離差が少なくなるのです。

ボールにしっかり力を伝えることができれば、少しくらい芯を外しても飛距離の差を小さくすることができます。手打ちでは、パワーをボールに伝えることはできません。

肩のラインが最低でも直角になるように、体をトップでは90度、フィニッシュでも90度回すようにしましょう。そうすると、インパクトまでのヘッドの移動距離が長くなるので、ヘッドスピードを上げることもできます。

CHECK POINT

クラブを横にして素振りをしてみよう。トップでグリップエンドが、フィニッシュでヘッドが前を向くまで回す

A 手打ちではなく、しっかり体を回していきましょう

Q トップを連発するか当たっても低空飛行です

No. 039
Q&Aレッスン

ボールを上げようとすると、左足に体重が乗らない。左足の裏がめくれたら要注意（右）。左に体重が乗れば、捻転差が生まれる（左）

飛距離アップ

上半身と下半身の捻転差を作りながら体重移動

トップやチョロはボールを上げようとする動作をすることから起こるミスです。ヘッドを下からアッパーにかち上げようとする結果、右肩が下がったり、左腰がスエーしたり、インパクト前に体が浮き上がったりして、ボールの上っ面を叩いてしまうんです。

これらの動きを封じてしまうには、ダウンスイングで左足に体重を乗せることしかありません。このとき上半身を一緒に動かさず、ガマンすることを忘れないでください。体重を左足に移動することで、体を水平に回転させることができます。

スイング軸にも注意しましょう。右足側に傾いてしまうと、ヘッドの最下点がボールより手前になってしまうので、トップやチョロが出やすくなります。

CHECK POINT

切り返しで頭を動かさないようにすると、上半身はそのままで下半身から動きやすい。試してみよう

A 切り返しで思い切って左足に体重を乗せていこう

FWはどれくらいのラフまでなら使えるんですか？

No.040 Q&Aレッスン

ラフからは引っかけやすいのでピンの右を向く（右）。上体の力を抜いてリラックスする（左）

悩み解決

逆目でもパンチショットで切り抜けられる

ラフからＦＷを使う場合は、まずライを確かめることが先決になります。見極め方は、左ページにある４種類のライを参考にしてください。すべて右から左へ打つこととします。

①右上　順目でボールの後ろに芝が少ないので使うことができます。ただしボールが地面から浮いているので、ティアップのボールを打つイメージでスイングしてください。

②右下　逆目で芝がボールを覆うほどの深さなので、ＦＷは使えません。

③左上　ラフは深くありませんが、ボールの後ろのラフが密集しているので、アイアンでの脱出を選択するのが得策です。

④左下　逆目ですがボールは浮いているので、ＦＷを使うことはできます。しかし、パンチショット気味に打つ必要があるでしょう。

CHECK POINT

FWはフェースが薄いので、ラフが浅くてもボールへきちんとアジャストしないと、テンプラになりやすい

A 沈んでいたり、後ろに芝が密集していたら使えない

飛ばそうと思って振るとスライスしてしまいます

No.041 Q&Aレッスン

体を使わないで手打ちになったり（左）、右足に体重が残る（右）とミスになりやすい

ワンランクアップ

フルショットのときはいつもよりゆっくり上げる

FWは基本的に飛ばすクラブではないと考えています。しかし、前に話したとおり、スプーンはどちらかというとドライバー寄りのクラブ、つまり飛んでほしいクラブなんです。平均以上のパワーを持っている人なら、パー5の2打目で使って、なるべくグリーンに近づけたいとフルショットする場面も多いのでないでしょうか。

フルショットするときは、気をつけないとリズムが速くなってしまいがちです。とくにトップで間が取れなくなって上体が突っ込むか、体が開くのが早く、クラブが遅れてフェースが開いて当たってしまい、スライスすることが多いんです。飛ばしたいときほどテークバックをゆっくり上げて、体と腕との一体感を大切にスイングしてください。

CHECK POINT

飛ばしたいときほど、力まずゆっくりと振るといい。ゆとりがあるのに緩みがないインパクトが理想的だ

A 体が早く開くことが原因 体と腕を一体化させよう

Q パー5での2オン狙いの飛ばし方を教えてください

No.042 Q&Aレッスン

あとに引きずらないためにも、フィニッシュまでしっかり振り切ることが大事（左）。体が止まると、ミスになりやすい（右）

飛距離アップ

飛距離と方向性を両立すれば飛んで曲がらない

3Wで2オンを狙うには、飛距離と方向性を両立させなければなりません。そんな方法があったら僕が教えてもらいたいくらい（笑）。しかし、これまでのドライバーとFWのレッスンのなかで、いくつかヒントがありました。

飛ばしには最大限の体重移動が必要。そして左サイドで上半身を引っ張ることで、下半身との捻転差を作ること。そして体を開かないように、体を右サイドに向けたままインパクトをすること。スイングの流れのなかで、これらを実行できれば、飛んで曲がらない理想的なボールが出ることは間違いありません。

はっきりいえることがひとつあります。「狙うと決めたら、中途半端なスイングをしないでフィニッシュまで振り切ること」。失敗に終わっても後悔しないことも肝心です。

CHECK POINT

切り返しではじめに左膝が戻る。このとき両膝の間隔が開く（膝が割れる）ことが飛ばしの秘訣なのだ

A 左の壁、下半身リード、ビハインド・ザ・ボールです

No.
043
Q&Aレッスン

Q バンカーから使いたいけど ちゃんと当たらないんです

下半身がしっかりしていないと、体が突っ込む（左）。受け止めればフィニッシュが決まる（右）

悩み解決

背骨をスイング軸にして その場でクルッと回る

バンカーからFWで打てるようになれば、パー5や長いパー4での2打目で武器として使えます。打てる自信が持てれば、ティショットのプレッシャーも軽くなります。しかしバンカーでは少しでもダフり気味に入ってしまうと、まったく飛ばすことができません。

大事なことは、スイング軸をしっかり固定し、体を左右に動かさないことです。ポイントは両足の太もも。テークバックでは、右の太ももの内側にハリを感じながら体を回し、ダウンからは左の太ももで、左にかかってくる体重をしっかり受け止めましょう。飛ばすスイングではないので、全体的に背骨の軸を動かさないようにその場で回ってしまう感じです。パワーを受け止められないと、体のバランスが崩れてミスになります。

CHECK POINT

スイング軸は背骨。体重移動をせずにその場で回ってしまおう。足場をしっかりさせておくのがコツ

A 軸がブレないように力を両太もも内側で受け止める

No. 044 Q&Aレッスン

Q バンカーからFWを使うとダフりやすいんです

トップが大きすぎて伸び上がると、ダウンスイングで沈み込んでダフってしまう

ミス撲滅

踏ん張れない砂の上では小さなスイングに徹する

せっかくFWを使うのだから、できるだけ飛ばしたいと思うのは理解できますが、ここで大振りをしては、どんなクラブを持っても同じ結果になってしまいます。ダフりやすいということは、そんな気持ちを捨て切れていないからなんです。

とにかく、バンカーからはコンパクトなスイングをしましょう。トップを右耳の横で止めるくらいにして、それ以上は絶対に振り上げてはいけません。踏ん張りがきかない砂の上ですから、バランスを崩してスイングどころではなくなります。フィニッシュも左耳の横までの左右対称になればOKです。

振り回しすぎるとトップで伸び上がり、その反動でダウンスイングでは沈みすぎてしまうため、ダフリになってしまうんです。

CHECK POINT

トップは右耳の横でストップ。下半身を固めて、上半身のひねりをメインに使う感覚が正解だ

A 大振りは避けてトップを右耳の横で止める

No.
045
Q&Aレッスン

Q FWとUTにはどのような違いがあるのですか?

→ 球筋や弾道の高さの打ち分けなど、コントロール性能はUTのほうが優れているといえる

方向性アップ

UTは高弾道で飛び FWは超高弾道で飛ばせる

ユーティリティ(UT)とフェアウェイウッド(FW)は、同じようなものと考えられているようですが、使い勝手や振り心地は意外と違います。UTはロングアイアンをやさしくしたもの、と考えたほうがいいと思います。UTはFWよりもヘッドがひと回り小さく、シャフトも短めになっています。ですから同じロフトでもFWのほうが飛びます。

UTが優れているのは、方向性が安定している点です。3番アイアンで200ヤード飛ばすのなら、UT#3を使ったほうがボールは上がりやすいし、ヘッドの特性により方向性も安定しています。同じ距離をFWで打つとしたら、ボールはより高く上がりますが、方向性に少々難があります。アイアンが得意ならUTを数本入れるのもいいでしょう。

CHECK POINT

UTは高弾道で直線的にピンを狙える。FWは超高弾道なので、風の日やティショットでは使いにくいことも

A UTは弾道が低めで アイアン的にピンを狙える

連続写真 3 FW&UT

第4章　キレるショットでベタピン連発

アイアン編

アイアンは方向性が命

軸がブレないように右腰&右膝でブロックする

No. 046

絶対上手くなる5か条①

アドレスでの右腰と右膝の角度をキープできればOK。外側に流れたり、伸び上がるのはNG

↑ 軸ブレさせないためには、ブロックした腰と膝の上で回転するイメージを持つこと。そうすると上半身の捻転が大きくなる

➔ 膝が割れたり(左)、腰が流れてしまう(右)と、軸が傾いてしまい、正確なインパクトが難しくなる

スイングの基本

スイング軸が動くとインパクトが不安定になる

アイアンは、目標に対して正確にボールを「運ぶ」ことができるかがもっとも重要です。そのために必要なのは、「正確にボールをヒットすること」ということができます。

とても簡単にいってしまいましたが、みなさんも体験しているとおり、これがいちばん難しいことです。しかし、ひとつのポイントを押さえることで、正確にヒットできる確率がアップします。

それは「スイング軸を乱さない」ということ。スイングは円運動なので、軸が動くとインパクトの安定性を欠いてしまいます。とくにテークバックで膝が逃げたり、腰が流れたりすると、そのあとの修正が難しくなるので、右腰と右膝に意識を集中してスイングを始動してください。

No.
047
絶対上手くなる
5か条②

腰の位置や高さがアドレスと変わってしまうと、正確なインパクトをすることはできない

スイングの基本

アイアンの飛距離不足はスコアの乱れに直結する

ティアップしてから打つドライバーとは違い、芝の上から打つことが多いのがアイアンです。ドライバーならば、ミスヒットして飛距離が落ちたり方向が少しブレたりしても、それほど大きな影響はありません。しかし、アイアンでは飛距離が足りないとバンカーに捕まったり、方向性が悪いとピンに寄らなかったりするので、スコアに直結してしまいます。

アマチュアの方に多く見られるのは、インパクトで左腰が引けたり伸び上がったりするミスです。腰が引けると、クラブが体の近くを通ってしまうため、フェースの先端に当たりやすくなります。また、腰が伸び上がってしまうと、ダフったりトップしやすくなります。いずれもフェースの芯には当たりにくいので、当然飛距離は伸びません。

しっかりミートさせるポイント

左腰が流れたり引けたりしないように「ガマン」する

↑ 左腰をガマンすることで、クラブの通り道(スイング軌道)が安定してきて、スイングの再現性も高まってくる

左腰はブロックしないで「ガマン」する。ブロックすると、それより先に体が回転していかない

← シャフトが寝たり（左）、クロスしてしまう（右）と、親指の上にグリップが乗ってこない

スイングの基本

ダウンブローに入れるにはシャフトを立たせる

アイアンでもスイングプレーンに沿ってヘッド（もしくはシャフト）を動かす意識は必要です。さらに、アイアンはヘッドが上から下へ動いているところでボールに当てる「ダウンブロー」が絶対不可欠。そのためには、「クラブを立てる」ことが必要です。クラブを立てるとは、飛球線後方から見て地面に対して垂直に近い角度でクラブを動かすことです。

これをマスターするドリルがあります。アドレスをし、右手で左手首を持ちながら、その角度が変わらないようにテークバックからトップまで上げていってください。うまくできていれば、左手親指の上にグリップが乗ります。親指の上にグリップが乗っていないと、シャフトが寝ていたり、クロスになってしまっていることになります。

オンプレーンスイングを身につけよう

トップまで左手首の角度を変えてはいけない

↑ はじめはアドレスからインパクトまでを重点的に練習すること。左手首の角度は、できればスイング全体で変わらないことが望ましい

左手親指の上にグリップが乗っていればオンプレーンスイングになっているといえる

No.
049
絶対上手くなる5か条④

体をあおらずにインパクトできるようになれば、ティアップしていても低いボールが打てるう

スイングの基本

人工芝マットからだと すくい打ちは直りにくい

みなさんはふだん、練習場では人工芝マットから練習することがほとんどだと思います。マットの上からでは、すくい打ちでも少しダフっても、ナイスショットとの違いがよくわかりません。練習場ではいいのに、コースに行くとアイアンがダフってしまう、というのは、これが原因だといえます。

そんなすくい打ちの傾向を修正するには、ティアップしたボールを打つことがとても効果的です。ただ打つのではなく、マットから打つよりもボール3分の2から4分の3くらいの高さにして打つことを目標としてください。これによって、つねに体がボールに向かうようになるので、ヘッドが上から入りやすくなります。僕がプロ入りした直後に実践した練習方法なので、効果も実証済みです。

すくい打ちを防ぐドリル

ティアップして、ヘッドが上から入る感覚をつかむ

アイアンは上からボールをとらえていくのが鉄則。ティアップ練習法はそれが確実に身につく

↑ マットの上からだと、右肩が下がって手前から入ってもソールが滑るのでミスとはわかりにくい。しかし、芝の上からはダフりになってしまう

体と腕の一体感がつかめるドリル

左脇に物をはさむことで脇が開かないようにする

No. 050

絶対上手くなる5か条⑤

左脇を締めることで体の回転が水平になり、体とクラブの動きのバランスが整えられる

↑ フォローでアウトに振り出してしまったり、左腰を引いてしまうと、体と腕が離れて左脇が開いてしまう

肩から肩までのスイングで左脇が開かなければ、腕と体がバランスよく振れているといえる

スイングの基本

体とクラブがバランスよく動けばスイングは安定する

これは僕がトーナメント中でもやっている練習法。スイングは地面と水平な回転で、体と腕（クラブ）が一体となって動かないといけません。これができると、いつでも同じ軌道を描けます。

それを身につけるために、左脇にヘッドカバーや手袋をはさんで、落ちないようにスイングする練習法があります。フルスイングではなく、肩の高さから肩の高さまでの間で振ってください。もし、テークバックやフォローで脇にはさんだ物が落ちてしまうのなら、体と腕がバランスよく動いていないことになります。テークバックで軌道が外に上がりすぎても、フォローでアウトに出しすぎても、左腰が逃げすぎても左脇が開いてしまうので、はさんだ物は落ちてしまいます。

Q いったんダフリ出すと止まらなくなります

→ 右サイドが水平よりも低くなると、ボールよりも手前の芝に当たりダフってしまう

ミス撲滅

ダフリをなくしたいならボールは低くてもいい

ふだんボールの上がりにくい人が長い番手のアイアンを持つと、このようなミスをしてしまうケースが多いようです。ダフリが出てしまうのは、右肩が下がる、もしくは右腰が詰まるなどの、体の右側に問題があるからだと思います。そのためにスイング軸が右に傾いて、ボールの手前にヘッドが当たってしまうのです。

これを解消するには、右サイドの肩、腰にハリを感じないようにゆとりを持たせることが肝心です。コツは右サイドが低くならないように、高い位置のままインパクトすること。これではボールが上がりにくいと思うかもしれませんが、クラブにはロフトがついているので、この打ち方でも十分にボールは上がってくれます。

CHECK POINT

右肩、右腰の高さと左サイドとの高さを均等にすれば、スイング軸の傾きを防ぎ、ダフリを防止できる

A 右の肩・腰を高い位置にキープしたままインパクト

ラウンドの後半になるとトップが出やすくなります

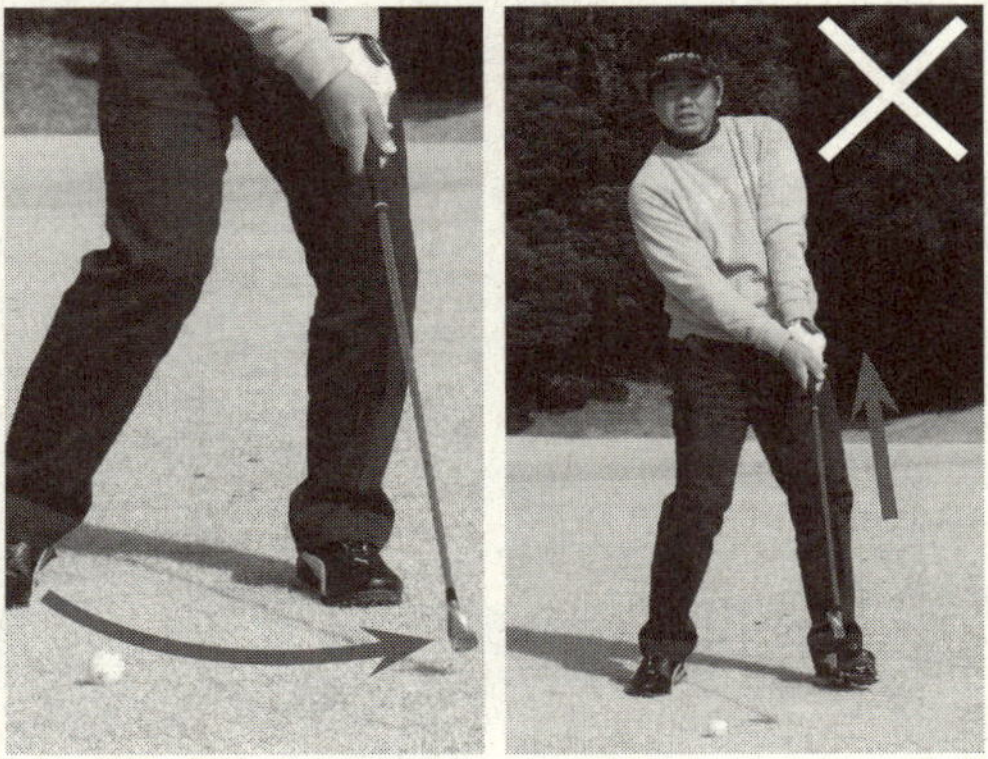

→ ヘッドの最下点をボールより先にする(左)。左膝の粘りがないと、体が浮き上がりやすい(右)

悩み解決

ヘッドの上がり際で当たるのが初心者のトップ

同じトップでもプロや上級者のトップと初心者のトップとは、ボールへの当たり方が違うんです。プロのトップはヘッドが上から入っているので、弾道が低くなるだけ。初心者のトップはヘッドが最下点を過ぎて、上がり際でボールに当たってしまっているんです。原因は体の伸び上がりにあると思います。

これを直すには左膝の粘りがポイント。インパクトを迎えるまで、左膝の伸び上がりや体の浮き上がりを防ぐことで、ヘッドの最下点がボールの手前（右足寄り）に動いてしまうことがなくなります。

バックスイングの右膝をガマンできる人は多いですが、ダウンスイングからの左膝のことも忘れないでください。とくにラウンドの後半になると、おろそかになりやすいんです。

CHECK POINT

トップからの切り返しで作った左膝の角度がインパクトまで変わらなければ、体は浮き上がらない

A 左膝で粘ってヘッドの最下点を左足側へ動かす

Q ふつうのラフなのに なかなか芯に当たりません

No. 053 Q&Aレッスン

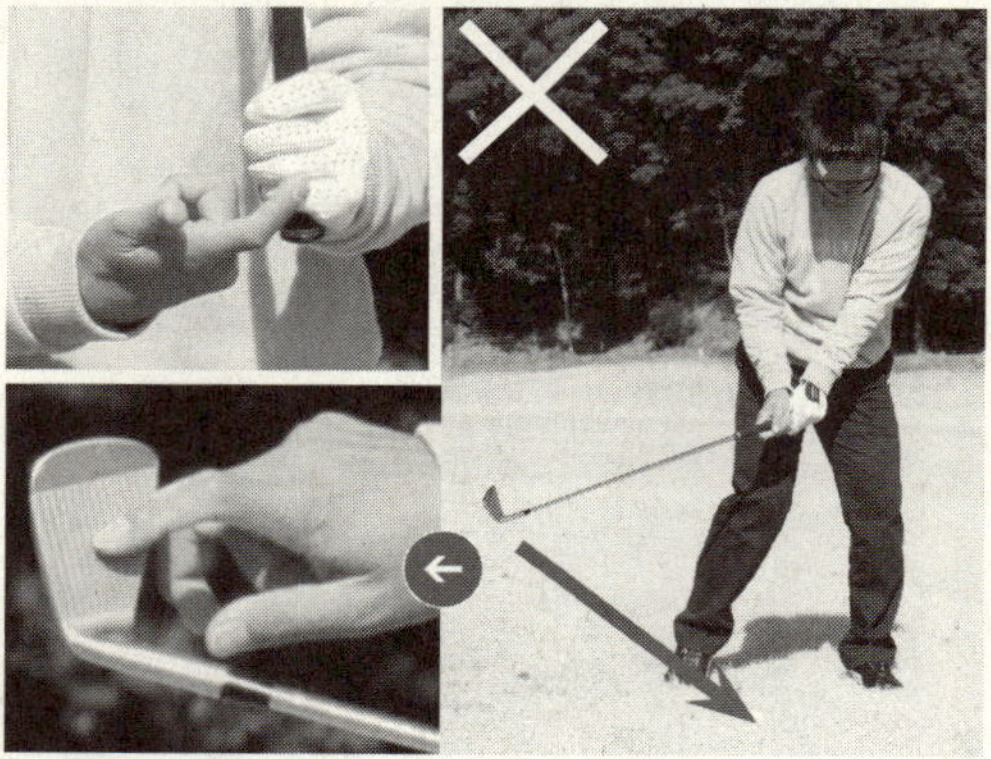

上から打ち込むとフェースの上に当たりやすい（右～左下）。芝の抵抗を考慮し、左のグリップはとくにしっかりと握る（左上）

ミス撲滅

ラフでもフェアウェイより浮いていることが多い

ふつうのラフからのショットで上から打ち込んでしまうと、芯には当たりません。ラフにあるボールは、フェアウェイよりも地面から浮いているからです。その分を調節しないとフェースの上部に当たって、飛距離をロスしてしまいます。

左の写真程度のラフの場合、振り抜くのは問題ないでしょうから、打ち込まずに手前の芝ごと打ってしまいましょう。少しだけ芝の抵抗を受けるので、左手のグリップをしっかり握り、フェースを少し開いて目標よりも右を向いてスタンスをとります。ただし、この打ち方をするとスピンがかからず、フライヤーになって思った以上に飛距離が出てしまうので、7番で打つ距離なら1クラブ下げて8番で打つようにしてください。

CHECK POINT

ラフからはヘッドが引っかかる可能性があるので、事前にフェースを右へ向けておくほうがいい

A 打ち込まないで フェースを開いてはらい打ち

Q ラフが深いとザックリばかりで前に飛びません

No. 054
Q&Aレッスン

右へ体重を移すとヘッドが手前から入りやすい（右）。軸を動かさず、その場で回っていくといい（左）

悩み解決

すくい打ちやはらい打ちがミスの原因になっていた

ボールがすっぽり埋まったような深いラフからは、すくったりはらったりしてしまうと、芝の抵抗に負けてザックリになります。この状況からは、なるべく手前の芝に当たらないようにヘッドを上から落としていくとうまく脱出できます。

まずボールはいつもより1個分くらい右足寄りに置きます。フェースは少し開き、ヘッドを上から入れたいので、ボールを真上から見るようにアドレスします。テークバックでコックを早めに使い、トップまでに十分に体を回します。そして、バンカーショットのように上からヘッドをドスンと落としてしまいます。インパクトしたらそれで終わり。ノーマルショットのようにフィニッシュまで振り切らなくていいんです。

CHECK POINT

ボールを右に置き、コックを早めに使って超ダウンブローに打つので、ランを多めに計算しておくこと

A コックを早めに使って上からドスンと落とすだけ

No. 055
Q&Aレッスン

つま先上がりからだとダフることが多いんです

打ち込んでしまうと傾斜が邪魔になってダフりやすい（右）。ボールは1個分右足寄りに置く（左）

ミス撲滅

自然とフックが出るので右を向いてアドレスする

つま先上がりのライからは、フックが出やすくなります。この状況では、傾斜の低いほう（この場合はインサイド・アウト）からヘッドを入れたほうがダフらずに的確にミートしやすくなります。逆に上から打ち込むと、ヘッドが外側（傾斜の高いほう）から下りてくるので、ダフりやすくなってしまうんです。

ドローボールが出やすいので、目標よりも少し右を向き、ボールの位置も少し右足寄りに移動させておきます。つま先下がりよりも足元に安定感があるかもしれませんが、あまり大振りするのはオススメしません。やはりコンパクトなスイングで、内側から外側に放り出してやるイメージでスイングをしましょう。足元よりボールが高いところにあるので、クラブを少し短めに持ってもOKです。

CHECK POINT

つま先上がりだからフックが出るのではなく、傾斜に合わせたインサイド・アウトに振るからフックになる

A インサイドからヘッドを入れればミートしやすい

つま先下がりからだと右にしか飛びません

No.
056
Q&Aレッスン

膝を曲げないで、上体だけで合わせてはいけない（左上）。膝の屈伸を使って高さを調整する（左下）

方向性アップ

膝の高さを変えないコツはカカトを上げない「ベタ足」

つま先下がりは初心者にとってはやっかいなライといえます。足元が不安定なのであまり大振りしないことがコツです。

ここでの大きなポイントは、アドレスをするときに、膝で高さを合わせることです。膝を曲げずに上体だけで合わせると、体とボールの距離が離れて、右へ飛びやすくなってしまうからです。

スイング中は膝の角度を変えてはダメです。膝が伸びるとボールとの距離が離れ、正確なインパクトができなくなってしまいます。トップもコンパクトに、フィニッシュも肩の高さで止めるくらいでちょうどいいでしょう。

さらに、スイング中にカカトを上げない「ベタ足」で振っていくと、上体が安定するのでうまくいくと思います。

CHECK POINT

不安定なライなので大振りは禁物。ベタ足スイングをすれば、膝の高さが変わりにくくなる

A 膝の高さを変えないで小さなスイングを心がける

打ち上げのライからだと ショートしてしまいます

No. 057 Q&Aレッスン

傾斜よりも体が右足寄りに倒れてはダメ(左)。ヘッドが抜けなくてもひじは抜かないこと(右)

ミス撲滅

体が傾斜より倒れなければ どんな構え方でもOK

傾斜地のなかではいちばんやさしいライなのですが、ショートしてしまうということは、すくい上げてしまっているからです。この場合の打ち方は、状況に応じて2種類を使い分けてください。

ひとつは、斜面に垂直に立つ方法です。右足に体重をかけたまま、最後まで振り切ってしまうだけで、とくにスイングを変える必要はありません。しかし、斜面に沿ってスイングするので、必要以上にボールが上がってしまいます。風が強い日などは大きく影響を受けてしまうでしょう。

そんなときは、地球に対して垂直に立つ打ち方が有効です。この場合は、インパクトでヘッドが抜けにくいので、フィニッシュはとらずに惰性でスイングを終わらせてください。

CHECK POINT

ボールが上がりすぎてしまうときは、地球に垂直な軸でパンチショット気味にスイングしよう

A 地球に垂直な回転軸でパンチ気味に打っていく

No. 058 Q&Aレッスン

Q 左足が下がっていると必ずダフってしまいます

左腰がスエーするとダフりやすい（左）。左腰が伸びなければ体が浮き上がりにくい（右）

ミス撲滅

左足に乗った体重を最後まで動かさない

左足下がりはボールが上がりにくいライですが、ボールを上げようとする動きをしてしまうと、ダフってしまいます。ボールを上げようとすると、どうしても手前から入りやすいし、ボールの手前のほうの傾斜が高くなっているのも原因のひとつです。

この状況で打ちこなすには、地面と垂直に構えて、そこで作った軸に沿ったスイングをすることが重要。斜面に合わせてヘッドが動くイメージです。アドレスで左足に体重が多く乗っているので、そのまま体を回せばOKです。右足に体重を移動させる必要はありません。ダウンスイングからは左腰が詰まって回転しにくくなりますが、それを防ぐために、インパクトをした後で右足を1歩前に踏み出すと、スムーズに体を回せるようになります。

CHECK POINT

ターゲットはボールより低い位置にあるので、フィニッシュも低くなる。弾道も低くなるのが正しい

A 地面と垂直な軸をフィニッシュまでキープする

木越えのときに使える高いボールの打ち方は？

No. 059
Q&Aレッスン

低いトップから高いフィニッシュへ振り上げていくのが、高いボールを打つコツ

ワンランクアップ

トップは低くフィニッシュは高くなるのが自然な形

木越えのような状況では、アドレスがすべてです。どの高さまで上げたいのかを決めて、目線をそこに上げていきます。思い切り上げるなら、右肩もそれに合わせて下げます。目線とターゲットの高さ、両肩の傾き方を平行にするのがポイントです。そのときの体の傾きをスイング軸として、それを基準に体を回転させます。

ボール位置は少し左足寄りに移動させておきましょう。そこからテークバックしてトップに入りますが、右が低い体勢が続いているので、トップは低くなるのが自然です。そしてインパクトでは、多少ダフってしまっても気にしなくていいでしょう。スイング軸が右足寄りに傾いているので、フィニッシュは高くならなければいけません。

CHECK POINT

目線の角度と両肩を平行にすることが大事。このアドレスが作れないと高さのコントロールは不可能

打ち出したい高さと肩の高さを平行にする

低いボールの打ち方を教えてください

No. 060 Q&Aレッスン

左脇が開いたり（右上）、上体だけのスイング（右下）では、直線的なライン出しショットにはならない

ワンランクアップ

フィニッシュを低くするとシャフトが立ってくる

プロは、ピンに対して直線的に低めのボールで狙うことがよくあります。「ラインを出す」とか「パンチショット」といわれる打ち方です。これは、スイングの基本ができていないとなかなかうまくいきませんが、練習すれば必ずできるようになります。

まずは、ハーフスイングから始めましょう。フルスイングではどうしてもヘッドが上から入りにくいんです。切り返しで必ず下半身が上半身を引っ張ってきて、フィニッシュを左腰の高さで止めます。フィニッシュを低く止めようとするとシャフトが立ってくるので、クラブが上から入りやすくなるし、体も左脇も締まってきます。ここからトップを少しずつ大きくしていくのですが、フィニッシュはいつでも左腰の高さです。

CHECK POINT

切り返しは下半身主導が鉄則。シャフトが立ってくるとヘッドが上から入ってきて、低いボールが打てる

A 低いフィニッシュを意識し クラブを立てる練習をする

Q 林からうまく脱出できる打ち方を教えてください

No. 061
Q&Aレッスン

➔ クラブを短く持って(右)、小さくスイング。腰の高さ以上にはクラブを上げない(左〜中)

ミス撲滅

ハンドファーストに構えインパクトして終わり

林からの脱出に失敗する原因は、必要以上に大振りしてしまったり、上がりすぎて枝に当たってしまうことだと思います。これは事前にどのくらいの高さでどのくらい飛ばすかをイメージしていないからです。

まずはクラブ選びですが、障害物を避けられるクラブを選ぶことが大切。絶対上げたくないならロングアイアンでもOKです。

アドレスはボール右足つま先前、グリップは右太もも前のハンドファーストが基本です。短く握って小さくコンパクトにスイングし、インパクトしたら終わり。ヘタに低く出そうなどと小細工はせず、ロフトにまかせてしまいましょう。ライにもよりますが、アイアンよりフェアウェイウッドを使うとダフらず脱出できることもあります。

CHECK POINT

アドレスでボールが上がらない形を作っておく。あらかじめ練習でクラブごとの出球の高さを知っておこう

A ロフトが少ないクラブを短く握り、小さくスイング

連続写真 4 アイアン

第5章　寄せワンが増えればスコア急上昇

ショートゲーム編

No. 062
絶対上手くなる5か条①

ボールだけをすくおうとしたり（右）、ヘッドが下から入る（左）とイメージどおりのランが出ない

スイングの基本

インパクトが安定すると距離感が合いやすい

僕のアプローチの基本は転がしです。障害物をキャリーで越え、あとはピンまでランを使います。これがもっともシンプルで、かつやさしいアプローチです。この転がしのアプローチをするうえでいちばん大事なことが、「しっかり捕まえる」ということなんです。

アプローチでもヘッドが下から入ったり、すくい上げたりするという動きはよくありません。それを防ぎ、何回打っても同じ形のインパクトにするために、右膝を左膝に近づけて、インパクトの形を作ってからバックスイングを上げます。そうすると、はじめに作ったインパクトの形に戻ってきやすいんです。インパクトするポジションが安定してくると出球が安定するので、距離感も合わせやすくなります。

再現性を高くするコツ

あらかじめ、アドレスでインパクトの形を作っておく

右膝を内側に入れてからバックスイングを引けば、インパクトが安定してくる

↑ テークバック前に作った形を体で覚えておいて、その形に戻してこようとする意識が大事。それをしないと再現性は低いままだ

No.
063
絶対上手くなる5か条②

8I

SW

← アドレスやボールポジション、スイングが同じでも、番手が変わればその結果は変わってくる

ミス撲滅

同じ打ち方でいろいろな種類のアプローチができる

アプローチで使うクラブを決めてしまうのはもったいないことです。まずはその固定概念を捨てることから始めましょう。

僕の転がしは、グリーンにキャリーで落とすことが基本になります。ボールからグリーンエッジまでの距離、高低差とエッジからピンまでの距離、ラインなどによって使用するクラブを決めています。8番からSWまでのクラブで同じ打ち方をすれば、出球の高さもキャリーも、転がる距離も違ってくるんです。これを利用すれば、同じ打ち方でいろいろな転がし方ができます。

たとえば、同じ30ヤードのランニングでも、花道かラフかで番手は違います。またエッジまで15ヤードくらいあればPWになるし、3ヤードなら8番を使うこともできるんです。

アプローチの基本はランニング

寄せに使うクラブは状況に応じて使い分ける

同じランニングでも、ライや状況に応じて8番からSWまでを使い分ける

バンカーにおける基本中の基本

砂にはいちばん先にバンスが当たるようにする

No. 064

絶対上手くなる5か条③

inpres
EST89
ここから砂に入れば
ヘッドが砂の中に潜
らず抜けがよくなる

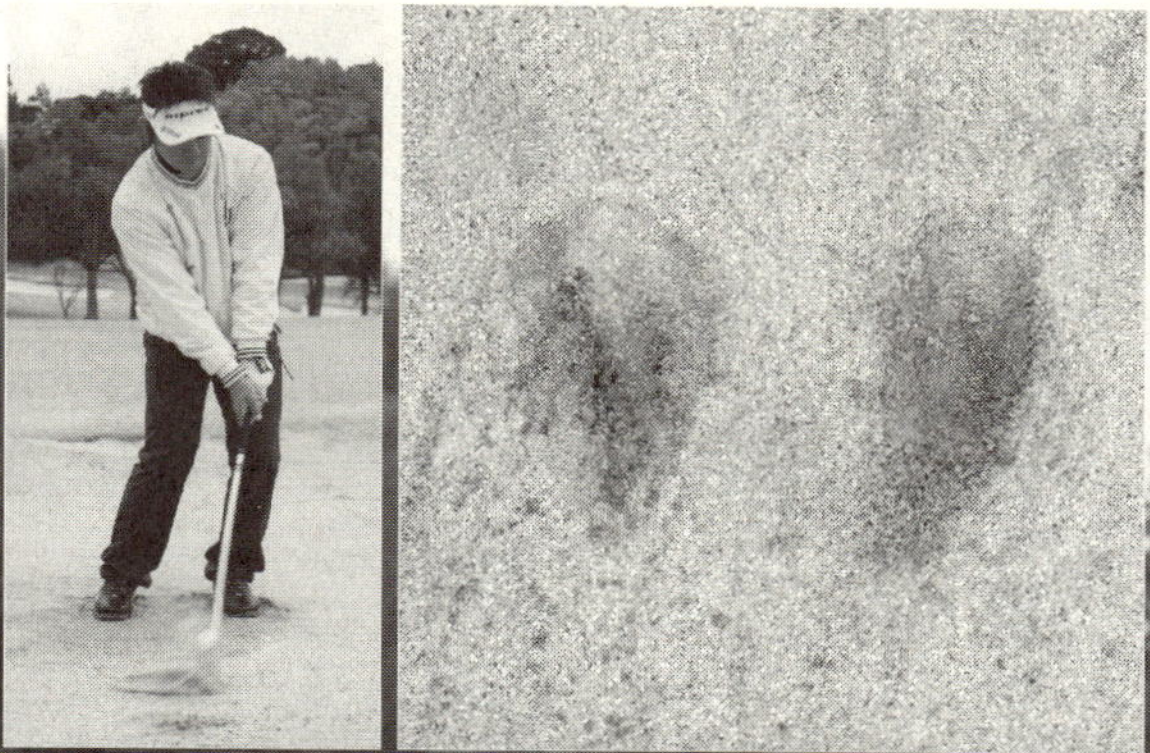

↑ バンスから入るとヘッドが砂に潜らないが、刃から入るとヘッドが潜ってしまう

スイングの基本

フェースを開くのはバンスをもっと出っ張らせるため

バンカーショットを上達させるには、フェースの開き具合を変えて、バンスを効率よく使えるかどうかがポイントです。バンスとは、ソールのバックフェース側のことで、インパクトのときには、バンスを砂にいちばん最初に当てることが必要です。

バンスを使うためには、フェースを開いて構えます。こうするとバンスが下に出っ張るからです。ただ開くだけではボールは右にしか飛んでいかないので、フェースを開いた分だけスタンスを左に向けます。この形でインパクトできるとバンスから砂に入るのですが、ボールをすくおうとすると、バンスから入らずにリーディングエッジから入ってしまうので、ヘッドが砂の中に潜ってしまいます。こうなるとボールは脱出することができません。

←ボールは体のセンターに置くこと（左）。右足寄りに置いてしまうとバンスから入りにくい（右）

スイングの基本

コックを早めに使ってコンパクトなトップを作る

SWはバンス角が大きめに設定されています。バンス角とはリーディングエッジ側からバックフェース側にかけての角度のことです。SWを床の上でアドレスすると、リーディングエッジが浮くのはこのためです。

フェースを開く角度に比例して、スタンスをオープンにします。そして、スタンスの向きに沿った軌道でスイングすること。つまりアウトサイド・インです。テークバックは目標に対して外側に上げていきますが、このときコックを早めに使い、コンパクトなトップを作ります。体重移動はほとんどしません。そこからヘッドを加速させながら、コックをリリースしてインサイドへ一気に振り抜きます。フェースの開きと軌道の方向で相殺されて、ボールは目標方向に飛んでいきます。

バンカーで失敗しないコツ

フェースを開き、スタンスをオープンにして振り抜く

バンカーが苦手ならフェースもスタンスも多めに開いておけばミスショットは少ない

↑ ヘッドを入れる位置はボール半分から2個分の間で、バンスから入れれば多少ズレてもかまわない。ヘッドを真上から落とせばOKだ

← ロングパットでOKに寄せることができなくても、1m以内に寄せれば2パットで収まる（右）。だからプロはショートパットを繰り返し練習する（左）

ミス撲滅

ショートパットが入るとショットが楽になってくる

ショットとは違って、パッティングは真っすぐ打つだけなんですが、実際はそれが難しいんです。プロが1・2mを入れる確率は75％ですが、1・5mになると30％に落ちます。1・2mは確実に入れ、どれだけ1・5mを入れるかが生き残るカギなんです。アマチュアの場合は80㎝と1mと考えればいいと思います。

この1mが入る確率を上げる特効薬はありません。真っすぐ引いて真っすぐ出す、これを繰り返し練習するしかないんです。僕はパターマットを使って練習していました。

1mが入るようになると、ロングパットが楽になり、アイアンショットでは乗せれば2パットでいける、という気持ちになってきます。ですから、ショートパットの上達がスコアアップの秘訣だといえるんです。

パッティングの基礎

1mのパットを入れるのに練習以外の特効薬はない!

パッティングの上達に特効薬は存在しない。繰り返し練習して自信をつけることが大切だ

↑ 1mくらいのショートパットは距離感よりも方向性。カップをつねにオーバーさせるタッチがないと上達は難しい

アプローチの基本的な打ち方を教えてください

No. 067
Q&Aレッスン

右足に体重が移ってしまうと、ダウンスイングで右肩が下がり、ダフってしまう（右）。体重は左足から動かさないのが正解

スイングの基本

左足に乗ったウェイトを右足には移さないこと

ここで説明する打ち方は、このあとに出てくる内容の基本となるものなので、ぜひ参考にしてください。アプローチの種類でいうとピッチ&ランになります。全体の距離に対してキャリーとランが半々の割合です。

まずボールの位置ですが、スタンスの真ん中に置きます。そしてグリップは左足太ももの前。少しハンドファーストに構えます。そうすることで、左足に体重が少し多めに乗ります。スイング幅は大きくしないので、右足に体重を移す必要はありません。真っすぐに振り上げて真っすぐ出すのですが、フィニッシュでは必ず胸を目標方向に向けることが大事です。ボールをすくい上げようとすると、体が傾いてしまいます。体を真横に回すことを目指しましょう。

CHECK POINT

フルスイングを小さくしたのがアプローチ。振り幅が小さくなっても、体の回転は水平でなくてはならない

A フィニッシュで自分の胸が目標に向くことが大切

No. 068 Q&Aレッスン

Q アプローチにはどんな種類があるのですか?

→ 転がしたいのにボールが左足前ではダメ（右）。ランニングでフェースが開いてはダメ（左）

スイングの基本

ボールを上げたいときほどフェースとスタンスは開く

ピッチ&ランのほかに、転がして寄せるランニングアプローチと高く上げるロブショットがあります。僕の場合は、スイングを変えずに、ボールの位置とフェースの開き具合を変えて打ち分けています。

ランニングは、ボールの位置を右足寄りにしますが、状況によっては右足よりも外に出すこともあります。フェースはスクエアのまま。ピッチ&ランよりもハンドファーストの度合いがきつくなってロフトが立つので、ボールが低く飛び出します。

ロブショットはスタンスとフェースを開き、ボールはセンターよりも左足寄り。これにより体重はセンターからやや右足に移ります。

転がしたいのにボールが左にあると、体が突っ込んでミスになってしまいます。

CHECK POINT

ボールを上げたいときほどスタンスとフェースをオープンにして、ボールの位置を左足側にする

A 基本は3種類。上げたいときはボールを左に動かす

No. 069 Q&Aレッスン

Q 絶好のライからでもダフリやトップが出ます…

ボールに当たるときにも、ハンドファーストの形になっていること（左）。すくってはダメ（右）

ミス撲滅

グリップよりヘッドが先に出るとミスになる

インパクト前後の動きだけでボールをうまく拾おうとしてもなかなかうまくいきません。それに初心者であるほどインパクト前で左の手首が甲側に折れやすいので、余計ミスになりやすいんです。

まず、少しハンドファースト気味にアドレスします。そのとき、視界に入るシャフトの傾き角度（グリップ側からヘッドにかけて）のイメージを残しつつ、バックスイングを上げましょう。そして残しておいたイメージのままの角度でインパクト、フォローをします。

ここでのミスの原因は、グリップよりもヘッドのほうが先にボールを通りすぎていることなんです。シャフトの角度をキープしようとすると、右手の角度もキープできるので、ミスにはなりにくいでしょう。

CHECK POINT

ハンドファーストの形をフォローまでキープできると、左手首が折れるのを防止でき、ミスが激減する

A アドレスでできたシャフトの角度を最後までキープ

No. 070 Q&Aレッスン

Q ラフとカラーの境目に止まってしまいました……

➔ 中途半端に右足寄りに置くとダフる危険性がある（右）。SWの刃で打つ方法も有効（左）

悩み解決

右足よりも外にボールを置けば絶対にダフらない

ピンまで遠くない状況で「ザックリ」をしてしまうと、もったいないうえにかなりガックリきてしまいますよね。ここでは絶対ダフらない構えをすることがポイントです。

ダフリは、ヘッドがボールよりも手前の地面に当たってしまうことから起こるミスです。それなら、ボールの手前に当たらない位置で構えてしまえばいいんです。それは右足の外側。ここにボールを置いたらダフることはまずありません。ハーフトップしても、ザックリよりはピンに近づく可能性があります。

もうひとつの打ち方は、SWの刃（リーディングエッジ）で打つ方法。パターのように握ってストロークするだけですが、距離感や方向性に難があります。自信がない人は、パターを使うのが得策かもしれません。

CHECK POINT

SWでもヘッドが上から入るので、ボールは低く飛び出し、ランも想像以上に出る。手前から攻めよう

A 手前の芝が噛んだらアウト ボールを右足の外に置く

左足下がりのアプローチがなかなかうまくいきません

No. 071
Q&Aレッスン

手でコネると、ダフってしまう（右）。落としどころへ真っすぐに出すといい（左）

ミス撲滅

狙いどころへ直線的に落としていくイメージ

アイアンでの左足下がりの打ち方と同じで、斜面に対して垂直（左足に体重を乗せる）に立ってください。上げようとする体の動きが出た途端にダフってしまいます。

スタンスを少し広めにとって、左足に体重を乗せたままにします。バランスをとるために、右足を内側に絞ると構えやすくなります。そして目線の先にある落としどころに向かって、ヘッドを低く出していきます。ここがポイント。アプローチだからといって、ボールを上げる必要はありません。当然ランは多めになるので、落としどころの設定をいつもより手前にしましょう。

使用クラブはロフトが大きいAWかSW。ロフトが立っているとキャリーが足りずに、手前のラフに食われてしまう可能性があります。

CHECK POINT

ヘッドを低く長く、斜面に沿って動かして出球を低くする。スタンスは広めにして下半身を安定させること

A 傾斜なりにヘッドを動かし 低い弾道で転がしていく

No. 072 Q&Aレッスン

Q ラフからのアプローチをうまく寄せたいんです

→ スイングの円弧を大きくするか、インパクトを強くして芝ごとボールにヒットしてしまおう

悩み解決

確実に飛距離が落ちるので大きめに鋭くスイングする

基本的にアイアンでのラフの打ち方と同じです。しかし、スイング幅は小さくなり、ヘッドスピードも遅くなるので、確実に芝の抵抗を受けて飛距離は落ちてしまいます。重要なのは「どのくらい芝の抵抗があるか」を見極めることです。

それには、まずライの確認をします。浮いているのか沈んでいるのか、ボールの手前に芝が密集していないか、などです。そしてボールの近くで素振りをしてください。もし、芝に当たった瞬間にヘッドスピードが極端に落ちたり、フェースが返されてしまう感覚があるときには、アドレスであらかじめフェースを開いておき、スイング幅を大きくしたり、インパクトを強めにしたりして、芝の抵抗に負けないようにしましょう。

CHECK POINT

芝の種類、生えている方向（順目か逆目）によっても抵抗が変わるので、必ず素振りをしてチェックしよう

A ボールの近くで素振りして芝の抵抗の感覚をつかもう

ラフから大きく振っているのにショートするんです

→ ボールが見えるラフなら上から打ち込む必要はない（右）。インパクトで緩むとショート（左）

悩み解決

大きく振るのを怖がるとインパクトで緩みやすい

それほど深くないラフでは、上からガツンとヘッドを落としてしまうのは逆効果です。そこで、スイング幅を大きくするのはとてもいい方法ですが、それでもミスをしてしまうのは、ダウンスイングでの力の入れ方に問題があるからです。

ピンが近いのにスイング幅を大きくすることは、慣れないと違和感があるかと思います。その気持ちが拭い切れないと、インパクトでヘッドスピードが落ちてしまうんです。その結果、いくらバックスイングを大きくしてもまったく意味がなくなってしまいます。

そこで、スイング幅を大きくすると同時に、ダウンスイングからインパクト、フィニッシュにかけてヘッドスピードを上げていくと、ショートすることは少なくなります。

CHECK POINT

ダウンスイングからヘッドスピードを加速することで、芝の抵抗を軽減し距離を出すことができる

A インパクトでの緩みが原因 ヘッドを加速させてみよう

深いラフからだと一発では脱出できません

No. 074 Q&Aレッスン

打ち込むのでフォローとフィニッシュはいらない（左）。手前から入ると脱出は不可能だ（右）

悩み解決

手前の芝が噛んでしまうとボールまで力が伝わらない

ボールが芝の中にすっぽりと埋まってしまうような深いラフでは、特殊なショットをしないと脱出できません。この場合、インパクトの強さだけで打つことが必要です。また、手前の芝がなるべく噛まないように、ヘッドを鋭角に落としていかなければなりません。そうしないと、手前の密集した芝の抵抗を受けて、ボールまで力が伝わりません。

スタンスはオープンに、フェースも開いて構えます。テークバックでコックを早めに使い、高いトップを作ります。そしてヘッドを真上から打ち込んでしまいます。打ち込むのでフォローを作る必要はありません。深いラフでは、ボールと地面にすき間がないことが想定されますが、上から打ち込めば刃先をボールの下に潜り込ませることができます。

CHECK POINT

コックを使って上から打ち込むと、手前の芝が噛みにくく、刃先がボールの下に入りやすくなる

A ヘッドを鋭角に下ろして刃先をボールの下に入れる

Q 深くないラフなのにザックリになるのはなぜ？

No. 075 Q&Aレッスン

→ コックを使って上から入れる（左）。使用クラブは必ずSW（右）。転がしのイメージを持つこと

ワンランクアップ

ロフトが大きいSWの転がしでピンを狙う

浅いラフでもピン方向から流れている逆目の場合は、思いのほか芝の抵抗が大きいんです。ふつうのアドレスで対応してしまうと、インパクトする瞬間にかなりの抵抗を受けて、「ザックリ」のような失敗をしてしまいます。そんな状況からは、右足の外にボールを置いて、手前の芝が噛まないようにするとうまく寄せられます。

ひとつ気をつけなければならないのが使用クラブ。AWやPWを使いたくなるようなライでもSWを使用してください。ボールを右足の外側に置くことによって、ロフトがかなり立ってしまいます。そのためにボールが低く飛び出すので、ロフトが大きいクラブを使うべきなのです。また、ランが多く出るので、それを計算に入れた攻め方をしてください。

CHECK POINT

逆目のラフからはヘッドが引っかかりやすい。なるべく手前の芝に当たらないようにヘッドを上から落とす

A 逆目だとかなり抵抗がある SWで「カツン」と打とう

Q

オーバーとショートの繰り返しでピンに寄りません

No. 076
Q&Aレッスン

イメージすることで球の強さや弾道が明確になる。それによって使用クラブも決まってくる

悩み解決

イメージしておけば失敗しても経験値となる

ピンに寄せることばかり考えて打ってしまうと、失敗するだけでなく、同じ過ちを何度も繰り返してしまいます。大事なのはイメージすること。うまくいく、いかないは関係ありません。失敗しても打つ前にイメージをしておくと、それが経験値となり、次の機会に生かすことができます。

イメージ作りに決まりごとはありません。自己流でOK。守るべきことは「落とし場所を決めて、転がってピンに寄るイメージ」にすること。そこに落とすにはどのようにして打てばいいか、少しずつはっきりしてきます。

距離感の出し方のヒントをひとつ。頭の中で、ボールを下手から投げることをイメージしてみてください。スイングの大きさや強さのイメージがつかみやすくなりますよ。

CHECK POINT
まずは落とし場所を決めること。転がしならグリーン上に設定し、その後の転がるラインをイメージする

A 失敗してもいいから落とし場所をイメージする

Q プロのようなスピンがきくボールを打ちたいです

No. 077
Q&Aレッスン

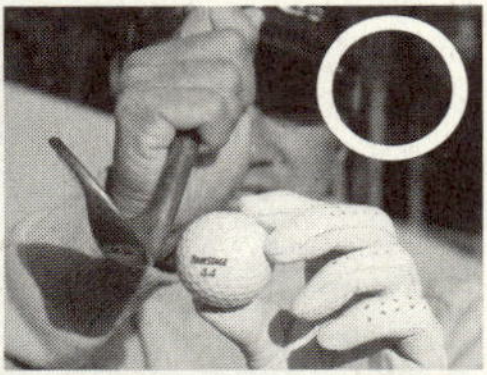

→ 体の回転を止めずに内側へ振り抜く(左)。ヘッドを上から入れないとスピンはかからない(右上)

ワンランクアップ

フォローをインサイドに振り抜いて球を捕まえる

プロだって、どんなライからでもスピンをかけられるわけではありません。ボールが浮いているとか、ボールの手前に芝がないなど、状況が限られてしまいます。状況に恵まれたとき、どう打つかを解説しましょう。

アプローチの基本は、目標に対して真っすぐに振ることですが、これだとスピンは多くかかりません。よりスピンをきかせたいなら、落としどころに対して、バックスイングを少しアウトに上げていき、ヘッドを上からカット気味に入れ、フォローを内側へ鋭く振り抜いていきます。アイアンでいうとフェードボールを打つイメージとまったく同じですね。

ボールを捕まえるイメージを出さないとスピンがほどけてしまうので、フェースにしっかり乗せるようにスイングしてください。

CHECK POINT

フェースはややオープンにして、アウトサイド・インの軌道でボールをしっかり捕まえること

A カット軌道でインサイドに鋭く振り抜いていこう

Q 短い距離のバンカーをよく失敗してしまいます…

かなり左を向いて構え、ピンが近くてもトップを高く（左）。ボールは左足の前にする（右）

ミス撲滅

オープンの具合とボールの位置で距離を打ち分ける

バンカーから短い距離を打つときは、芝の上からのアプローチと同じで、ボールを左足寄りにして構えます。だいたい左足つま先からカカトの間です。フェースを開けるだけ開き、その開き具合に合わせてスタンスもできるだけオープンに。そのときに見えるシャフトのラインが、目標ラインと直角になるようにしてください。

このアドレスなら、いくらヘッドスピードを上げてもボールは飛びません。ですから、スイングを必要以上に小さくしたり、インパクトで緩めたりしないようにしましょう。フェースとスタンスの開く角度とボール位置で距離を調節します。スイング幅やヘッドスピードを変えずに、どんな状況でも同じスイングをするのもいいでしょう。

CHECK POINT

スタンスなりに振り上げるので、目標に対してはかなりのアウトサイド・インに振り抜かなければならない

A 大きく左を向いて構え 左へスパッと振り抜く

距離が長いバンカーではショートしてばかりです

No. 079 Q&Aレッスン

フィニッシュを大きくすることでヘッドスピードが上がり、より遠くへ飛ばすことができる

悩み解決

ヘッドを鋭角に入れれば低く強く飛んでいく

バンカーから距離を出すには、遠くへ飛ばせるアドレスを作ることが先決です。今度はボールの位置を右足寄りに動かし、ハンドファースト気味に構えます。フェースは少しだけオープンにしておいてください。スタンスの向きはスクエアにします。スタンスをオープンにすればするほどカット軌道の傾向が大きくなってボールが飛びません。スタンスをスクエアにすることで、ボールを飛ばすことができるんです。

また、ボールを右足寄りに動かすと、同じスイングをしてもヘッドの入射角度が鋭角的になり、ボールは低めに強く飛び出します。

より飛ばしたいときには、フォローをしっかりとってフィニッシュを大きく。それによって、ヘッドスピードを加速できます。

CHECK POINT

ボールが右足寄りになるので、トップが出る可能性が高くなる。軸を動かさず、その場で回ることが重要だ

A スクエアスタンスでボールを右足寄りにして構える

Q アゴの近くに止まったらどうやって打つの？

No.080 Q&Aレッスン

→シャフトとグリップが垂直になるように構える（左）。ハンドファーストではボールが上がらない（右）

ワンランクアップ

すくい上げようとするとヘッドが手前に深く入る

バンカーでアゴの近くに止まってしまった場合、インパクトの瞬間、真上に上がるようなボールを打つ必要があります。それにはボールを左足寄りに置くこと。ハンドファーストにはせず、正面から見て、シャフトとグリップが垂直になるように構えてください。

バンスを使うためにフェースは開き、スタンスもオープンにしておきます。そして、スタンスに沿ってスイングをするのですが、大事なことは、ボールをすくおうとしないこと。すくおうとすると、入れようと思っていたところよりも右足寄りにヘッドが深く入り、ボールが上がってくれません。

コツはフィニッシュをアゴよりも高く上げること。この動作によって、ボールを上げることができるようになります。

CHECK POINT

グリップをアゴの高さまで上げようとする動きは、すくい上げやヘッドスピード不足を防いでくれる

A 高く上げるため、アゴの高さ以上でフィニッシュ

左足下がりのバンカーでは ザックリかトップばかり…

No. 081
Q&Aレッスン

ボールを上げようとすると、右肩が下がるのでダフってしまう（左）。ヘッドを叩きつけるので、インパクトで終わり（右）

ミス撲滅

スタンスを広くして下半身を安定させる

アイアンの左足下がりと同じように、左足に体重をかけ、体を斜面に対して垂直になるように構えます。傾斜に影響されないように、スタンスを広くして下半身を安定させます。スタンスの向きとフェースは少しオープンにしておきましょう。

傾斜がきついと思うように体を回転できないので、コックを早めに大きく使います。ボールよりヘッドが入るところのほうが高いので、バンスから入れるのは難しいのですが、トップからボールに向かって真下に叩きつけるようにヘッドを落とすと、バンスから入れることができます。

したがって、スイングはインパクトで終わり。フォローは惰性で出ていく程度です。これで、ボールは低めに飛び出していきます。

CHECK POINT

体を大きく使うことができないので、コックを親指側に大きく早めに使って、一気に上から叩きつけよう

A コックを早めに使って ヘッドを上から叩きつける

スピンをかけて止めるバンカーショットを教えて!

No. 082 Q&Aレッスン

➔ フェースはできる限り開いておき（右）、躊躇せずにトップを大きくし(左)、フルスイングしよう

ワンランクアップ

距離が近くてもフェースを開いてフルスイングする

　トーナメント中継で、プロがバンカーから「トン、トン、ピタ」とピンに絡めている場面をよく目にすると思います。そのショット自体はそんなに難しいものではありません。

　スピンをかけるには、ボールの手前に砂が盛り上がっていないことが条件です。ラフと一緒ですね。スピンをかけるには、ヘッドスピードを上げなければなりません。真っすぐ振るよりインサイドに振り抜いてスピードを上げましょう。インパクトでスピードを落とさないために、砂を薄く取ります。フェースを開いておけばヘッドが砂の中に潜りません。

　みなさんも偶然にスピンがかかったことがあるかと思います。ある程度距離があってフルスイングをしたときに、砂がスパッと薄く取れたからなんです。

CHECK POINT

ストレートに振るより、カットに振るとヘッドスピードが上がる。飛ばさないためにフェースは開いておく

A フェースを大きく開いて思い切りカットに振り切る

Q バンカーからでもランを使うことはできますか？

→ボールは体の真ん中でフェースをやや開く（右）。インサイド・アウトにヘッドを出す（左）

ワンランクアップ

ボールにフック回転をかけるとランが出る

とても難しいし、必要な状況があまりないので、僕も試合ではめったに使わないテクニックです。ボールにフック回転を与えてやることで、ドライバーと同じでランを多めにすることができるのです。

フェースを気持ち開いて、スタンスもスクエアからややクローズにしておいて、インサイド・アウトにスイングします。バンカーでエクスプロージョン（爆発）させるには、バンスから入れるのが不可欠。ですが、インサイドからヘッドを下ろしてくると、ヘッドの入る位置のコントロールが難しくバンスから入れにくくなります。

砂を多めに取るとスピンがかからずランが出ますが、距離の調節が難しいので、初心者にはあまりオススメしません。

CHECK POINT
軌道はインサイド・アウトで、しっかりとボールを捕まえる。フェースターンを忘れないこと

A あまり使わないが外に振り出せば転がる

Q どうすればパッティングで真っすぐ転がせますか?

No. 084
Q&Aレッスン

→ フェースがターンするとボールはカップから外れる（右）。真っすぐ出してカップに入れる（左）

方向性アップ

真っすぐ出せれば真っすぐ引けるようになる

パッティングの基本は真っすぐ引いて真っすぐ出すこと。真っすぐ転がらないということは、テークバックを真っすぐ引けていないか、フォローが真っすぐ出せていないかのどちらかです。方向性をよくするためには、フォローを修正するのが効果的です。

カップから50㎝くらい離れて、テークバックをせずにボールを押してカップインを狙ってください。フォローが真っすぐ出ないとボールはカップに入りません。しかし、これなら百発百中でカップインするでしょう。これはテークバックがないからです。

ストロークの軌道が乱れるのは、ほとんどがテークバックで間違った動きをするからですが、フォローが真っすぐ出せるようになると、テークバックもよくなってきます。

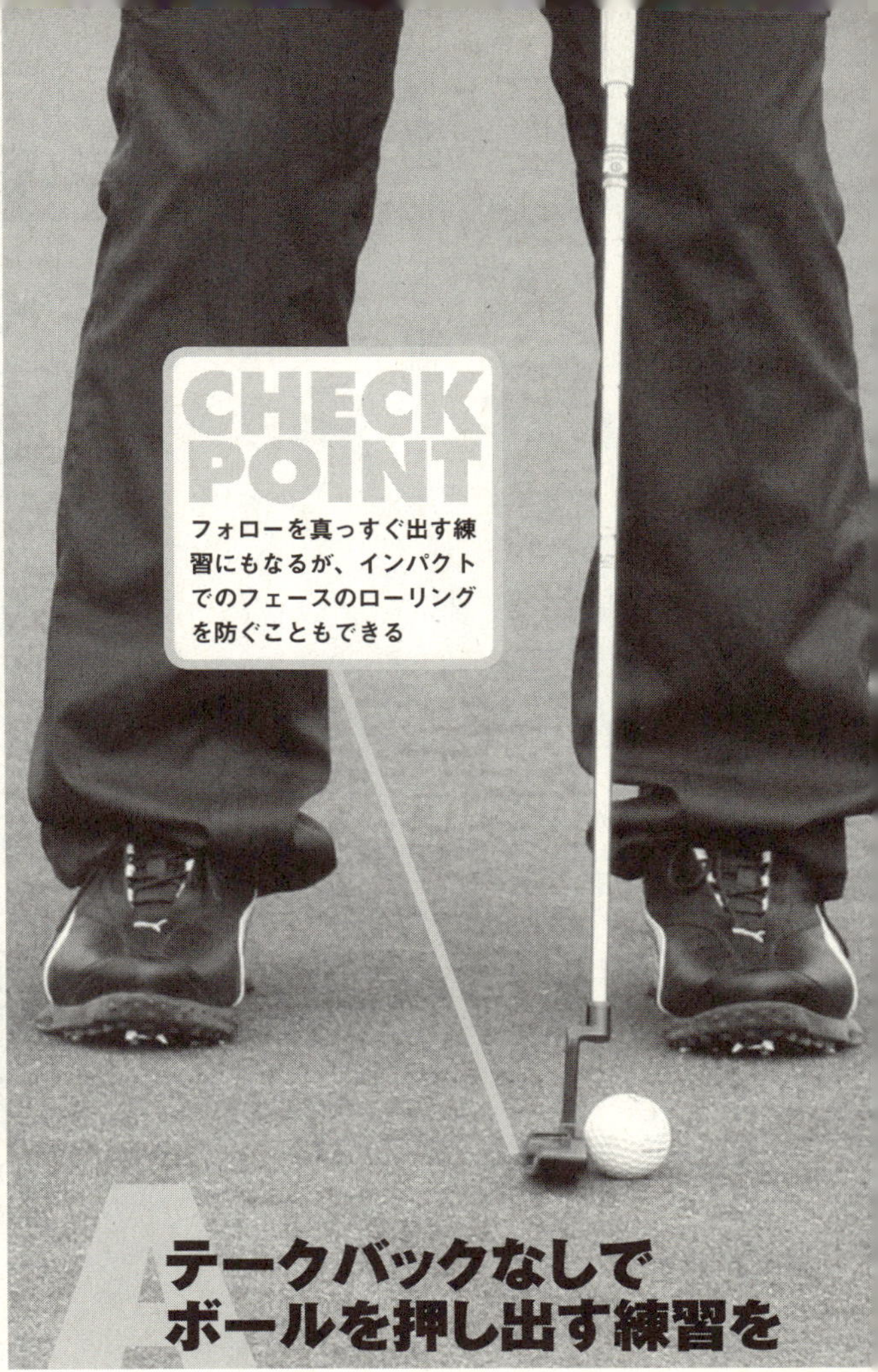

CHECK POINT

フォローを真っすぐ出す練習にもなるが、インパクトでのフェースのローリングを防ぐこともできる

A テークバックなしでボールを押し出す練習を

Q フェースはスクエアなのに真っすぐ転がりません

No. 085 Q&Aレッスン

腕がロールしてフェースが開いても（左）、左脇が開いても（右）腕の五角形は崩れてしまう

悩み解決

五角形を意識すれば動きの再現性が高まる

アドレスではパターの芯に合わせて構えているので、そのまま元の位置にヘッドが戻ってくれば芯に当たるはず。しかし、そこからズレて当たるということは、ストロークが複雑になっているからです。アドレスの位置にヘッドを戻してくるには、腕の五角形を崩さないこと。これにより動きがシンプルになるし、ストロークの再現性も高まります。

五角形をどうやってキープするかは、背中の大きな筋肉を使ったり、肩や腕を意識しながら動かすなどいろいろ手段はありますが、これは実際に試してみて、やりやすい方法を見つけるといいと思います。

参考までに、僕の場合は手先の感覚を重視しています。ひじから先の部分を動かすことで自然と五角形をキープするイメージです。

A 腕の五角形をキープして ヘッドをアドレス位置に戻す

CHECK POINT

五角形を意識することで振り子運動になりやすくなる。また、動きがシンプルなので、ストロークの再現性も高まってくる

プッシュと引っかけが交互に出てしまいます

No. 086
Q&Aレッスン

引っかけが出るときは肩がかぶってフェースもシャット（左）。プッシュが出るときはその逆（右）だ

方向性アップ

アドレスを見直すだけでミスヒットは激減する

どれだけ特殊な構え方だとしても、自分が思ったラインに思った強さで打つことができれば、それがその人の正しいパッティングスタイルだといえます。しかし、思ったラインと違った方向に出てしまうときは要注意。そんなときはアドレスを見直すと、すぐに修正できることが多くあります。

チェック方法は、まずふつうにアドレスをしてから、体の前傾を起こします。そのときターゲットラインとフェース、肩のラインが平行になっているかを見ます。引っかけるときには、肩かフェースがかぶっています。プッシュアウトする場合は、開いてしまっています。両方出るというのは、アドレスが安定していないから。構える前に確認してからボールに向かうクセをつけてください。

CHECK POINT

ミスヒットが多いときは、ボールをスタンスの真ん中に置いて、ラインに対して真っすぐ構える練習をしよう

A アドレスが目標線に対してクロスしないよう注意する

強く打っているつもりでもカップ手前で止まるんです

アプローチの基本と同じで、左手の甲が折れないように、シャフトの角度を意識する

悩み解決

アッパーブローに打つとトップ気味の「こすり球」に

ショットと同じで、真っすぐ出そうという気持ちが強すぎると、フェースが開いていわゆる「こすり球」になります。すると、出だしは勢いがあっても、カップ手前で急激にブレーキがかかってしまいます。パットでも捕まったボールは回転がいいので伸びがあります。プロはパターのスイートスポットに当てるだけでなく、「厚い当たり」を意識しているんです。アマチュアは、回転をよくしようとアッパーブローで打ちますが、これだとトップ気味の「薄い当たり」になってしまいます。

僕の場合は、パターのフェースを下に向けたまま振るイメージを持っています。そうするとフォローを低く出すことができ、厚い当たりになるんです。フェースが上を向くと、開くことにつながってしまいます。

CHECK POINT

上から見てフェースの真ん中に当てることも大事だが、ボールのどの位置にフェースが当たっているかも大切

A 「厚い当たり」を意識すれば球足が伸びてよく転がる

No. 088
Q&Aレッスン

ラインの読みが外れて逆に曲がることが多いです

→ 真後ろよりも左右に動いたり（左）、低い目線からラインを読む（右）と傾斜が見やすくなる

悩み解決

基本的に上りか下りかそれだけははっきりさせる

傾斜を読むには、真後ろからだけではよくわからないことがあります。しかし、左右に動いて横からラインを見ると、傾斜が見えてくることがあります。そして、ラインが基本的に上りなのか下りなのかをはっきりさせてからアドレスに入りましょう。そうしないと、距離感が極端に狂ってしまいます。

トーナメントで、カップの反対側からラインを読んでいる場面をよく目にすると思いますが、反対からだとラインが見えるということではなく、カップ際の傾斜を確認しているだけなので、まねる必要はありません。

それと、よく耳にするのが「ラインさえ合っていれば入る」という意見ですが、これは間違いです。とくにロングパットは曲がり具合も大事ですが、タッチのほうが重要です。

CHECK POINT

ショートパットでは強めに打って、なるべく傾斜や芝目に負けないようにしたほうが入る確率が高い

A 真後ろだけではなく横からも見て傾斜を感じる

Q 距離感はどうやってつかむものなんですか？

No. 089 Q&Aレッスン

真後ろからアドレスに入るまで素振りを続け、イメージが消えないうちにストロークを始める

悩み解決

腕を振りながらアドレスするとイメージが出やすい

ここからどのくらい転がせばカップまで届くか、というのが距離感です。ただ見ているだけでつかめるものではなく、どのくらいの強さで打てばいいか、ということをイメージしてつかんでいくものなんです。「こうするとつかめる」という特効薬はありませんが、イメージが明確になる方法はいくつかあります。

そのひとつが、ラインの後ろに立って素振りをすること。はじめはパターを持たずに腕だけで振ってみてください。それから片手でパターを持って数回素振りをしながら、アドレスに入ってください。そのイメージとフィーリングが消えないうちに打ちましょう。

ここまで上げたら2m転がる、というような距離感は平地では有効ですが、上り下りがあるコースでは、あまり役に立たないんです。

CHECK POINT

ラインの真後ろに立つと、傾斜を読みながら距離感も同時にイメージできるので、入る可能性も高まる

A 後ろに立ってラインを見ながら素振りをする

大事なところで大オーバー これってどうして?

No. 090 Q&Aレッスン

リストを多く使うとフェース向きの調節が難しいため、プレッシャーがかかるとミスが出やすい

ミス撲滅

右手のひらをフェースに見立ててストロークする

プレッシャーのない場面では、手首を使ってもラインに乗せられれば問題ありません。しかしプレッシャーがかかった途端、引っかけやプッシュが出るだけではなく、距離の微調整が難しくなってしまいます。だからといって、手首を固めてしまうとガチガチになって、まったく動かなくなってしまいます。

そこで、いったんヘッドやフェース向きの意識を消し、左手の甲や右手のひらをフェースだと思ってストロークしてみてください。そうすると、手首をロックしなくても手首を使わないでストロークできるようになってきます。右手のひらがフェースだとすると、手首を使ってしまったら、手のひら（フェース）はターゲットよりも左を向いてしまうので、そう動かそうとはしないはずです。

CHECK POINT

ひじから先の一部分ならどこでもいい。ヘッドやフェースの意識をなくせば、ムダな手首の動きがなくなる

A 手首のムダな動きが原因 ヘッドの意識を消して打つ

連続写真 5 パッティング

第6章　ゴルフの罠が見えてくる!

コースマネジメント・メンタル編

ワンランクアップ

次のショットを考えると狙いどころが見えてくる

コースマネジメントとは、そのホールのどこを狙って攻略するか、というものです。マネジメントの基本は、ピン位置からティショットの狙いどころが決めるということです。詳しく説明すると、ピンの位置に対して、どのラインからパットを打つと入りやすいか、この位置がその前のショットの狙いどころになります。では、バーディチャンスにつけるアイアンを打つには、どこのポジションからグリーンを狙えばいいか。その位置がティショットの狙い目となるわけです。

ゴルフを始めたばかりの人には、狙ったところにボールを打つのは難しいかもしれません。でもなにも決めないで漠然とショットするだけでは、上達するスピードがなかなか上がらないんですよ。

マネジメントの超基本はこれ

ピン位置から逆算して狙いどころを決める

コースマネジメントとは、次のショットを打ちやすいポジションにボールを運ぶことである

No.
092
絶対上手くなる
5か条②

ミスするのは当たり前。
でもそのミスをその後に
生かすことができれば、
ゴルフの上達は早い

ミス撲滅

ミスしても次の場面で生かすことができる

ピンから逆算して、狙いどころを決めたら、今度は実際にそこへ打つことになります。初心者のうちは、狙ったところにうまく打てないかもしれません。でも、それでいいんです。僕がここでいいたいのは「これからすることをイメージすることが大事」ということ。ミスしたら、なんでミスしたのかを考えて、次の場面に生かしていけばいいんです。そのミスを考慮した新しいイメージを描いてショットしてみましょう。

ゴルフは、いかにミスを少なくできるか、というゲーム。したがって、失敗が経験値として蓄積されていくことが大切です。「どうせそこに行かないんだから、狙ってもムダ」なんていっているうちは、絶対にうまくなりませんよ。

ショットを失敗しないテクニック

アドレスに入る前に弾道のイメージを描くこと

No.
093
絶対上手くなる5か条③

←刻むなら、自分がいちばん自信があるクラブを持つことが重要。無理をしては刻む意味がない

ミス撲滅

刻んだときに、より正確にショットできるかが重要

プロがティショットをなぜ刻むかというと、障害物やハザードを避けるためです。ドライバーでも狭いエリアを狙う技術はあるけれど、失敗する確率と刻んだときのメリットを比較して、刻むべきと判断したときだけ刻みます。ドライバーで打てば飛距離が出るので、2打目を寄せる確率は上がりますが、ミスしてOBになったときはダボの可能性が出てくる。これを考えているんです。

初心者ほど、ドライバーでなく、3Wで打ったらフェアウェイに残る確率がどのくらい高くなるか、考えてみましょう。あまり変わらないとしたら、ドライバーを振ってしまったほうがいいのではないでしょうか。「刻みは守り」です。しっかり守れる自信があるときのみ刻みましょう。

打つ前に考えるべきこと

刻みのメリットと攻めのリスクをしっかり計算しよう

パー以下で上がれる確率が高いなら刻むべき。どこに刻むか、はっきりさせてから打つ

メンタルがスコアアップのカギ

ミスについて考えるのは打ったその場だけにする

No.
094
絶対上手くなる5か条④

深呼吸をすることでも、かなりの気分転換になる。いつまでもクヨクヨすると周りの人も迷惑してしまう

終わった直後に問題を解決させる（左）。歩きながらミスの原因をあれこれ考えるのはダメ（右）

ミス撲滅

ミスショットの気分を引きずらないこと

ミスしてクラブを地面に叩きつけることは、ストレス発散にはいいかもしれませんが、最悪のマナーです。「終わったことはしょうがない」とあきらめるのが肝心。そんな僕だって引きずることはよくあります。しかし、いつまでも引きずっていては、その日のゴルフはボロボロ。そこで僕が実践している解決法を伝授しましょう。

ミスしてしまった原因を考える時間はとても重要です。でも考えていいのはそのショットを打った直後だけ。その場で解決してしまい、歩き出したら次のショットのことを考えましょう。ミスだったわけですから「次はどうやってベストショットをしようか」「どうリカバリーするか」など、考えることはたくさんあるはずです。

No.
095
絶対上手くなる
5か条⑤

ミス
撲滅

イライラしてしまったら あなたが自滅するだけ

← ショットをする前に、状況を確認するチャンスが与えられたと考えれば、貴重な時間になる

プロでも、名前は出せませんがスロープレーヤーはいます。僕はあまり気にしませんが、そんな人と一緒だと気になってペースを乱されてしまう人もいるでしょう。スロープレーヤーと一緒のときは、イライラしないことです。イライラしてしまったら、自滅するだけでもったいないですよ。

どう対処するかというと、「見ない」ことがいちばん効果があります。他のことをしたり、考えたりしましょう。たとえば「今日は天気がいいな」とか、「今日の夕食はハンバーグが食べたい」とか。また、次のショットのイメージを膨らませながら素振りをしたり、風向きを読んだり。そんなことをして、自分の順番まで待っていると、他のプレーヤーのことなんて気になりません。

スロープレーヤーと一緒に回るとき

イライラは絶対禁物！他のことを考えながら待つ

×

人間にはそれぞれ"ペース"があって、いつもあなたに合わせてくれるわけではないのだ

Q 朝イチのティショットで必ずミスしてしまいます

No. 096 Q&Aレッスン

朝イチからの大振りは禁物（左）。上体に力が入ってしまうと、体のバランスが崩れる（右）

ミス撲滅

上体の力を抜いて下半身を安定させよう

朝、コースへは遅くともスタートの1時間前には着いておきましょう。そうすれば、準備運動をしたり、練習場でボールを打ったりしてから、落ち着いた状態で最初のティショットを打つことができます。ギリギリで到着してしまうと、慌ててしまってナイスショットどころではないですよね。

しっかり準備ができたとしても、朝のスタート時は体が動きにくいし、その日の調子もつかめていない状態なので、まずは慎重に打つことが重要です。

上体の力を抜き、下半身を安定させてリズムよくスイングしましょう。素振りを「1・2・3」のリズムで行い、そのリズムのまま本番のショットができれば、ミスショットはだいぶ少なくなるはずです。

CHECK POINT

1・2・3のリズムで振るのだが、2のトップをしっかり作らないと打ち急ぎになってしまう

A 大振りせずにリズムよく 1･2･3のタイミングで

番手の間の距離が残ったらどうすればいい？

No. 097 Q&Aレッスン

ピンが手前なら、もしショートしても寄せはやさしい。大きめのクラブで8割ショットをしよう

ワンランクアップ

グリーンに乗せることを最優先に考えよう

アイアンだったら、番手間の飛距離差はおよそ10ヤード。もし165ヤード残っていたら、僕の場合は6番（170ヤード）で打つか7番（160ヤード）で打つか悩むところです。このような場合は、170ヤードと160ヤードの地点がそれぞれグリーンのどこになるかを考えましょう。そして、グリーンの真ん中までのクラブを選択するのです。

もしピンが奥の場合はグリーンの真ん中までが160ヤードになるので、オーバーは危険です。7番を選択しましょう。

ピンが手前でグリーンセンターまで170ヤードの場合は、6番を選択しましょう。この場面では136ページのライン出しショットを使うこともできます。ボールが曲がりにくいので、ベタピンを狙えるかもしれません。

CHECK POINT

僕だったら、165ヤードでピンが右ならフェードで攻める。球質の影響で飛距離が落ちるので、6番を使うでしょう

A グリーン真ん中までのクラブを選択しよう

2オンを狙うか刻むか、決め方はあるのですか？

No. 098 Q&Aレッスン

→ 狙うなら思い切って最後まで振り切ること（左）。刻むなら大振りせずコンパクトに振る（右）

ワンランクアップ

刻んだらダボはないがバーディは難しくなる

ティショットがグリーンに届く距離まで飛んで、自信があるなら迷うことなく狙ってください。ただ、悩んでしまったときはミスの可能性が高くなるので注意が必要です。

2オン狙いの場合は、バーディやイーグルもありますが、ダボ以上の確率もアップします。刻んだ場合は、うまくいってもバーディですが、ダボの確率は低くなります。ここを考えて、バーディがほしいのなら狙いましょう。ミスするとは限りません。結果は打ってみなければわかりませんから。

刻むときは、絶対大振りしてはいけません。7番のフルショットよりも、6番のパンチショットのほうが曲がりの心配がなくなります。ミスショットしてしまったら、刻んだ意味がなくなってしまいますよ。

CHECK POINT

グリーンに届く距離までできたなら、刻んで後悔するより、狙って失敗したほうがあきらめがつくだろう

A もし迷いが出なければ2オンに挑戦してみよう

No. 099 Q&Aレッスン

ロングパットを2回でカップインするコツは?

ショートパットが入るようになると、OKに寄せなければというプレッシャーもなくなる

悩み解決

ロングパットはラインより正確なタッチが要求される

ロングパットをうまく切り抜けるコツは、まず、グリーンに上がるときに全体の傾斜を見ておくことにあります。遠目から眺めると、大きな傾斜やマウンドが目に入るので、その傾斜がどのくらい影響するのかを計算するのに役立ちます。しかし、ロングパットはライン読みよりも、どのくらい正確なタッチが出せるかのほうが重要なんです。ラインは全体的にフックなのかスライスなのか、上りなのか下りなのかを判断するだけでいいんです。

タッチを出すためには、そのパットの距離を把握する必要があります。歩測をするのがいちばんなのですが、時間がかかってしまいます。ラインの後ろからでは縦位置なので、正確な距離がわかりません。そこで、ライン全体を横から見ると感覚がつかめます。

CHECK POINT

ロングパットでは全体の傾斜をつかむこと。そうすれば、細かい傾斜を読まなくても、おおよそ正しい方向に転がる

A グリーンに上がるときに全体の傾斜を見ておこう

No. 100 Q&Aレッスン

Q 苦手クラブはどうやって克服すればいいですか?

➔ アドレスに入る前にどこに気をつけるかを決める（左）。ミスが続いたら使わなくてもいい（右）

悩み解決

自信が持てないクラブは使ってもうまくいかない

苦手なクラブを持たなければならない状況では、打つ前から失敗することを想像して、暗い気分になってしまいがちです。しかしそれではうまくいくはずがありません。

そこで練習をするわけですが、苦手クラブなので、たとえば「頭をしっかり残す」とか「左足に体重を乗せる」など、あれこれたくさんのことを考えながら打ってしまいます。

でも、ポイントはひとつだけに絞りましょう。あれもこれもと欲張るのではなく、ひとつに集中して修正していったほうが、苦手意識がなくなるのが早くなるんです。

コースでも、苦手クラブで打つときには、ポイントをひとつに絞ってスイングしてください。もし、どうしてもうまくいかないときは、そのクラブを使わない勇気も必要です。

A ポイントをひとつに絞って集中して練習する

CHECK POINT

およそ2秒のスイングの中で、チェックできるのはせいぜいひとつ。あれこれ考えてもあまり意味がない

あとがき

ゴルフが上手くなるために、なくてはならないものがあります。

「ゴルフが好きであること」

幸いにも僕は、ゴルフが好きでたまりません。どんなに苦しくても、どんなにつらくても、どんなにスコアが悪くてもゴルフを嫌いにはなりませんでした。この気持ちだけは誰にも負けません。

みなさんは「すぐ上手くなりたい」「簡単にもっと飛ばす方法はないの？」と思ってしまうかもしれません。欠点はすぐに直ってしまうものもあれば、時間をかけてゆっくりと、ときには毎日の積み重ねが必要な場合もあります。でもゴルフが好きなら、そんな苦労もたやすく乗り越えられるはずです。

僕が小柄なのにもかかわらずプロとして活躍できるようになったのは、周りの方々のご協力とゴルフを愛する気持ちがあるからだと思っています。

藤田寛之

青春文庫

藤《ふじ》田《た》寛之《ひろゆき》のゴルフ 僕《ぼく》が気《き》をつけている 100の基本《きほん》

2013年7月20日　第1刷

著　者　藤《ふじ》田《た》寛之《ひろゆき》

発行者　小澤源太郎

責任編集　株式会社プライム涌光

発行所　株式会社青春出版社

〒162-0056　東京都新宿区若松町 12-1

電話 03-3203-2850（編集部）

03-3207-1916（営業部）

振替番号　00190-7-98602

印刷／共同印刷

製本／フォーネット社

ISBN 978-4-413-09577-8